INTELIGÊNCIA ARTIFICIAL E RESPONSABILIDADE HUMANA

THOMAS BELLINI FREITAS

INTELIGÊNCIA ARTIFICIAL E RESPONSABILIDADE HUMANA

Belo Horizonte

FÓRUM
CONHECIMENTO JURÍDICO

2023

© 2023 Editora Fórum Ltda.

É proibida a reprodução total ou parcial desta obra, por qualquer meio eletrônico, inclusive por processos xerográficos, sem autorização expressa do Editor.

Conselho Editorial

Adilson Abreu Dallari
Alécia Paolucci Nogueira Bicalho
Alexandre Coutinho Pagliarini
André Ramos Tavares
Carlos Ayres Britto
Carlos Mário da Silva Velloso
Cármen Lúcia Antunes Rocha
Cesar Augusto Guimarães Pereira
Clovis Beznos
Cristiana Fortini
Dinorá Adelaide Musetti Grotti
Diogo de Figueiredo Moreira Neto (*in memoriam*)
Egon Bockmann Moreira
Emerson Gabardo
Fabrício Motta
Fernando Rossi
Flávio Henrique Unes Pereira

Floriano de Azevedo Marques Neto
Gustavo Justino de Oliveira
Inês Virgínia Prado Soares
Jorge Ulisses Jacoby Fernandes
Juarez Freitas
Luciano Ferraz
Lúcio Delfino
Marcia Carla Pereira Ribeiro
Márcio Cammarosano
Marcos Ehrhardt Jr.
Maria Sylvia Zanella Di Pietro
Ney José de Freitas
Oswaldo Othon de Pontes Saraiva Filho
Paulo Modesto
Romeu Felipe Bacellar Filho
Sérgio Guerra
Walber de Moura Agra

FÓRUM
CONHECIMENTO JURÍDICO

Luís Cláudio Rodrigues Ferreira
Presidente e Editor

Coordenação editorial: Leonardo Eustáquio Siqueira Araújo
Aline Sobreira de Oliveira

Rua Paulo Ribeiro Bastos, 211 – Jardim Atlântico – CEP 31710-430
Belo Horizonte – Minas Gerais – Tel.: (31) 99412.0131
www.editoraforum.com.br – editoraforum@editoraforum.com.br

Técnica. Empenho. Zelo. Esses foram alguns dos cuidados aplicados na edição desta obra. No entanto, podem ocorrer erros de impressão, digitação ou mesmo restar alguma dúvida conceitual. Caso se constate algo assim, solicitamos a gentileza de nos comunicar através do *e-mail* editorial@editoraforum.com.br para que possamos esclarecer, no que couber. A sua contribuição é muito importante para mantermos a excelência editorial. A Editora Fórum agradece a sua contribuição.

Dados Internacionais de Catalogação na Publicação (CIP) de acordo com ISBD

F866i	Freitas, Thomas Bellini
	Inteligência artificial e responsabilidade humana / Thomas Bellini Freitas. - Belo Horizonte : Fórum, 2023.
	143p.; 14,5x21,5cm
	ISBN: 978-65-5518-513-3
	1. Direito. 2. Inteligência artificial. 3. Responsabilidade Direito Penal. 4. Direito Público. I. Título.
	CDD 341
2023-296	CDU 34

Elaborado por Odilio Hilario Moreira Junior - CRB-8/9949

Informação bibliográfica deste livro, conforme a NBR 6023:2018 da Associação Brasileira de Normas Técnicas (ABNT):

FREITAS, Thomas Bellini. *Inteligência artificial e responsabilidade humana*. Belo Horizonte: Fórum, 2023. 143 p. ISBN 978-65-5518-513-3..

Aos meus pais.

SUMÁRIO

INTRODUÇÃO 9

CAPÍTULO 1
PERCURSO EVOLUTIVO DA INTELIGÊNCIA ARTIFICIAL E
CONCEITUAÇÃO 19
1.1   Percurso evolutivo da IA 19
1.2   Conceitução de IA 33

CAPÍTULO 2
IA COMO INSTRUMENTO 51
2.1   A instrumentalidade da IA 52
2.2   Sistemas algorítmicos autônomos de guerra 55
2.2.1   Conceito de sistema algorítmico autônomo de guerra 57
2.2.2   Responsabilidade do "comandante" 59
2.2.3   Necessidade de regular os sistemas algorítmicos de guerra ... 62
2.3   A utilização da IA para disseminação de notícias falsas 68
2.3.1   Os *deepfakes* e a "invenção de fatos" 69
2.3.2   O uso da IA para disseminar notícias falsas e o risco aos
        sistemas políticos 71
2.4   Outras hipóteses de utilização da IA como instrumento 77

CAPÍTULO 3
IA E A RESPONSABILIDADE DO PROGRAMADOR OU SUPERVISOR 81

3.1   A responsabilidade do programador 82

3.1.1   O dever de cuidado e a pessoa razoável na tradição anglo-saxônica 87

3.1.2   A culpa e o homem médio na tradição romano-germânica 90

3.1.3   O programador razoável 95

3.1.3.1   A previsibilidade 98

3.1.3.2   O nexo causal 101

3.1.3.3   A técnica inadequada 107

3.1.3.3.1   A temporalidade 111

3.2   A responsabilidade do supervisor 113

CONCLUSÃO 117

REFERÊNCIAS 125

INTRODUÇÃO

O presente livro almeja refletir detidamente sobre o papel da Inteligência Artificial (IA) e a responsabilidade humana. Tal sistema algorítmico, dotado de relativa autonomia, pode tomar decisões independentemente da programação original, traço tecnológico inédito que acarreta significativos impactos para o universo jurídico. Como foco prioritário, medita-se sobre como o Direito deve promover a reavaliação crítica de seus fundamentos dogmáticos para se adaptar a fenômeno tão disruptivo.

O exame de fundo se concentra em dois campos: no primeiro, a IA é utilizada como instrumento para a prática de ilícitos; no segundo, escrutina-se a responsabilidade do programador ou do supervisor. Em outras palavras, estudam-se as situações em que o ser humano pode arcar com a responsabilidade por condutas ilícitas envolvendo a IA. A fim de embasar essa análise, percorre-se a evolução histórica da IA, à vista de notáveis marcos, a partir do célebre artigo de Alan Turing. Ato contínuo, adota-se conceituação elucidativa e compatível com a complexidade da IA, que serve de base para o restante da obra.

Parte-se, logo a seguir, para a primeira abordagem, ou seja, a utilização da IA como instrumento. Nesse caso, figura apenas como ferramenta, cuja autonomia, embora considerável, não é suficiente sob o prisma jurídico para eclipsar ou elidir a responsabilidade do ser humano que dela faz uso. Uma das controversas aplicações instrumentais concerne aos sistemas algorítmicos autônomos de guerra, merecendo destaque a temática da responsabilidade do "comandante" e a correspondente necessidade de regulação. Outra expressiva aplicação da IA como instrumento diz respeito à disseminação de *fake news*, que tende a contribuir lesivamente para a crise dos sistemas políticos.

A próxima etapa do trabalho versa sobre a responsabilidade do programador ou supervisor em caso de negligência, imprudência ou imperícia. Em relação propriamente à programação, são exploradas as noções de *reasonable person* e do dever de cuidado no direito anglo-saxão, bem como a ideia de homem médio no direito romano-germânico. Defende-se a pertinência do emprego da figura do programador razoável. Nesse passo, entende-se imprescindível a reunião dos requisitos de previsibilidade, nexo causal e técnica inadequada (esta última acompanhada de temporalidade). No atinente ao supervisor, são aplicados analogicamente tais requisitos.

Dito isso, convém ressaltar que a Inteligência Artificial (IA) permeia a vida cotidiana numa escala vertiginosa e quase onipresente. De fato, seja ao recomendar conteúdos de *streaming*,[1] seja ao colocar em movimento veículos autônomos,[2] o sistema algorítmico detentor de relativa autonomia de aprendizagem não pode ser ignorado pelo sistema jurídico, haja vista suas nuances e características únicas.

Neste estudo, almeja-se iluminar a IA sobretudo no campo de incidência da responsabilidade humana. Mais propriamente, procura-se fixar como proceder quando a IA é

---

[1] GAW, Fatima. Algorithmic logics and the construction of cultural taste of the Netflix Recommender System. *Media, Culture & Society*, 2021. Disponível em: https://journals.sagepub.com/doi/full/10.1177/01634437211053767?casa_token=yFiWUbxYQ9I AAAAA%3AMIgivY_JSeLjru7PdMCCGkgHH9x7NaYlX-MdSEuRAVEBthPx4j31tRfLY1s WiZlkpxBeMH8Eixn5.

[2] HETZNER, Christiaan. Fancy a spin in a robotaxi? Cruise is now inviting the public to try its self-driving cars in one U.S. city. *Fortune*, 1º de fevereiro de 2022. Disponível em: https://fortune.com/2022/02/01/cruise-robotaxi-self-driving-car-san-francisco/.

empregada para a consecução de atos ilícitos. Como aludido, são suscitadas duas hipóteses medulares: o uso da IA como instrumento e a responsabilidade do programador ou do supervisor por danos antijurídicos. O foco central versa sobre a demarcação das situações em que o ser humano pode vir a ser responsabilizado por condutas ilícitas envolvendo a IA tanto na esfera civil como na penal. A propósito, o livro representa uma versão, com mudanças, de dissertação de Mestrado em Direito.[3]

De passagem, uma breve nota linguística se faz conveniente: o termo "inteligência" tem a sua origem no latim,[4] derivado do substantivo *intelligentia*, que, por sua vez, guarda estreita relação com o verbo *intellego* (nos variados tempos verbais: *intellegere, intellexi* e *intellectum*), que deu ensejo à expressão "intelecto".[5] É formado pelo vocábulo *inter*, denotando a relação entre dois polos, e *lego*, que significa ler ou selecionar.[6] Da mesma forma, o termo "artificial" tem a sua raiz no latim, ao combinar *ars* (arte) e *fex* (aquele que faz) na palavra *artifex*.[7]

O designativo "inteligente", direcionado à IA, foi marcado pelo trabalho visionário de Alan Turing, como exposto em detalhes no Capítulo 1. Já a expressão "artificial" remete àquilo que não é natural, ou seja, relativo à máquina, não ao ser humano, com as faculdades evolucionariamente desenvolvidas e aprimoradas ao longo dos milênios.

---

[3] A dissertação de Mestrado em Direito, intitulada "Inteligência Artificial e a Prática de Crimes: Sistemas Algorítmicos Autônomos e a Responsabilidade Penal", foi apresentada em 04/07/2022, com a obtenção de conceito máximo unânime. O autor agradece às judiciosas observações dos professores Draiton Gonzaga de Souza, Vanessa Chiari Gonçalves, Fabio Roberto D'Avila, Marcus Paulo Rycembel Boeira e, especialmente, ao orientador Professor Ângelo Roberto Ilha da Silva, por suas valiosas sugestões.
[4] INTELLIGENCE. *Online Etymology Dictionary*. Disponível em: https://www.etymonline.com/word/intelligence?ref=etymonline_crossreference. Acesso em: 02 fev. 2022.
[5] INTELECT. *Online Etymology Dictionary*. Disponível em: https://www.etymonline.com/word/intellect#etymonline_v_9380. Acesso em: 02 fev. 2022.
[6] GAFFIOT, Félix. Dictionnaire illustré Latin-Français, 1934. p. 837.
[7] ARTIFICIAL. Online Etymology Dictionary. Disponível em: https://www.etymonline.com/search?q=artificial. Acesso em: 02 fev. 2022.

Embora despida de consciência e inteligência na acepção biológica, o certo é que a IA faz jus à raiz linguística latina ao realizar, por exemplo, a emulação da inteligência para finalidade "artística", fenômeno que pode ser comprovado com a obra "Retrato de Edmond de Belamy", vendida por milhares de dólares.[8] Além disso, viável hoje transformar qualquer frase em pintura mediante sistema de IA gratuitamente acessível.[9]

Não por acaso, o estudo da IA sob o enfoque jurídico começou a ganhar tração. Aqui, sem prejuízo de outras preocupações legítimas, procura-se estabelecer o foco no conjunto de hipóteses em que a IA pode participar, de alguma forma, na prática de atos ilícitos.

Como inspiração,[10] alude-se à classificação tripartite elaborada por Gabriel Hallevy. Designa a primeira vertente de *Perpetration-via-Another Liability Model*,[11] na qual a IA figura como instrumento. Nesse caso, a IA não poderia ser diretamente responsável, pois apenas é utilizada por seres humanos. O autor denomina a segunda possibilidade de *Natural-Probable-Consequence Liability Model*.[12] Nesse passo, a IA não aparece mais como instrumento. Os programadores ou os usuários figuram como responsabilizáveis pelas consequências nefastas que podem advir, desde que previsíveis. Já o terceiro modelo designa como *Direct Liability Model*.[13] Refere à emblemática hipótese em que a IA apresenta tanto *actus reus* (elemento externo) como *mens rea* (elemento interno). Nesse sentido, o modelo de responsabilização seria similar ou equiparável ao de pessoa.[14]

---

[8] Portrait by AI program sells for $432,000. *BBC*, 25 de outubro de 2018. Disponível em: https://www.bbc.com/news/technology-45980863.

[9] VINCENT, James. This AI art app is a glimpse at the future of synthetic media. *The Verge*, 6 de dezembro de 2021. Disponível em: https://www.theverge.com/2021/12/6/22820106/ai-art-app-dream-synthetic-media-wombo.

[10] HALLEVY, Gabriel. The Criminal Liability of Artificial Intelligence Entities - From Science Fiction to Legal Social Control. *Akron Intellectual Property Journal*, v. 4, n. 2, 2010. p. 171-202.

[11] *Ibid.*, p. 179-181.

[12] *Ibid.*, p. 181-186.

[13] *Ibid.*, p. 186-193.

[14] *Ibid.*, p. 189.

Aqui, exploram-se, de modo acentuado, a primeira e a segunda situações, visto que o foco primordial consiste em tratar das hipóteses em que o ser humano figura como responsável por conduta ilícita que se relaciona com a IA. Sem prejuízo de dialogar com as teorias clássicas para regular as novas situações que envolvem a IA quanto ao cometimento de ato antijurídico, não se furta de rever categorias para melhor equacionar contextos completamente nada usuais.

O ponto de fundo relaciona-se com a feição problemática sem precedentes que a IA pode assumir. O uso dessa tecnologia autônoma suscita, ao que tudo indica, perigos insofismáveis de incremento de práticas ilícitas. Mais preocupante: não se trata de possibilidade especulativa, mas concreta e tangível de imediato. Daí a premência de investigar tais circunstâncias (tanto as que ocorrem como as que podem sobrevir), tendo em mente a oportuna adaptação do sistema jurídico para disciplinar adequadamente a inovação em tela. Resumindo o problema numa questão-chave: quais são as repercussões/ implicações da IA na esfera da responsabilidade humana em relação à prática de condutas ilícitas? Em outros termos, qual é a adaptação que a moldura jurídica precisa assumir para absorver judiciosamente os impactos do advento da IA?

O objetivo está em enunciar a moldura jurídica aplicável à situação em que se verifica eventual responsabilidade humana por ilícito que, de algum modo, envolve uma IA. Para desdobrar a análise, útil cogitar dos mencionados dois enquadramentos (com regulações distintas): no primeiro caso, a IA é concebida como instrumento para prática de ato ilícito, e no segundo, o programador ou o supervisor aparecem como responsabilizáveis.

Dessa forma, será possível estabelecer os limites da responsabilidade humana nos casos de cometimento de atos ilícitos relacionados com uma IA. Intenta-se responder, nesse ponto, à seguinte questão nuclear: até que ponto o ser humano pode ser considerado responsável?

Uma ilustração serve para demonstrar a diferença entre as angulações expostas. Cogite-se do carro autônomo. De uma parte, uma pessoa pode deliberadamente inserir na programação algorítmica instruções para que a IA do veículo atropele o seu alvo, o que se encarta no quadro do emprego da IA como instrumento semelhante a uma arma.

Por outra parte, considere-se que o programador do veículo autônomo agiu com negligência, imprudência ou imperícia em seu ofício, provocando acidente fatal. Para ilustrar, pode não ter antevisto a circunstância de cegos demandarem mais tempo para atravessar a pista, o que levaria a erro de cálculo de velocidade com risco de atropelamento.

Também pode ocorrer a situação em que a própria IA do veículo autônomo delibera, por assim dizer, o cometimento de determinado crime. Suponha-se um carro autônomo que, valendo-se da tecnologia de reconhecimento facial, identifica *serial killer* foragido. Com o propósito autônomo de evitar a continuidade de perigo advindo de criminoso solto, o veículo toma a decisão fatídica de eliminá-lo.[15] Nesse momento, a IA parece tão autônoma e independente do programador, que gera a inescapável discussão acerca de sua responsabilização. Essa abordagem, entretanto, não será examinada no presente trabalho, visto que merece estudo apartado.

O exame do veículo autônomo sublinha as robustas diferenças entre os modelos de aplicação da IA, demandando respostas jurídicas correspondentemente diversas. Não se postula a mera distinção conceitual: quer-se o reconhecimento da diversidade de situações fáticas a solicitar remédios jurídicos compatíveis, evitando-se imprimir homogeneidade a casos heterogêneos.

Sublinhe-se que o modelo de responsabilidade humana a ser construído abrange tanto a área civil como a penal (e mesmo, com variações, a administrativa). Está-se diante, pois,

---

[15] FREITAS, Juarez; FREITAS, Thomas Bellini. *Direito e inteligência artificial*: em defesa do humano. Belo Horizonte: Editora Fórum, 2020. p. 137-138.

de arcabouço metodológico que poderia servir para a aplicação diferenciada em múltiplas esferas do Direito. Dependendo da situação, será preferível acolher distintos critérios, a depender do caso concreto e do campo de incidência.

Ou seja, propõe-se enfoque teórico-normativo nuançado, reconhecendo crucial que a comunidade jurídica acolha a complexidade multifacetada do tema. Por exemplo, os juízes podem se deparar com um contrato celebrado por intermédio de IA ou pela IA. Pode soar horizonte remoto, porém já é uma realidade vívida e atual.

No capítulo inicial, é descrito o percurso evolutivo da IA e delimitada a conceituação dessa inovação sem precedentes, haja vista sua relativa autonomia. A evolução histórica parte de mitos fundadores e ideias visionárias que se materializaram séculos mais tarde. Apontam-se os marcos simbólicos do florescimento impressionante (embora não linear) da tecnologia (como o célebre artigo de Alan Turing e a derrota do campeão mundial de xadrez para a IA). Por igual, estuda-se a casuística de aplicações da IA em diversos terrenos, como medicina, *chatbots* e jogos de tabuleiro. Por fim, enuncia-se conceituação da IA, não sem antes refletir sobre os aportes de Alan Turing e John Searle, entre outros. Ainda são esclarecidos os dois elementos fulcrais que constam no designativo da IA: a "inteligência" e a "artificialidade".

No Capítulo 2, é abordada a primeira hipótese de utilização da IA para o cometimento de ato ilícito, isto é, quando o sistema algorítmico comparece como instrumento. Nesse passo, são tecidas considerações sobre a instrumentalidade na consecução de condutas antijurídicas. Em segundo lugar, são estudados sistemas algorítmicos de guerra, ou seja, equipamentos que ostentam a propriedade de, autonomamente, "decidir" pela morte ou lesão de alguém. Aborda-se a temática da eventual responsabilização de quem emite a ordem de uso da IA para fins bélicos. Ademais, é discutida a oportunidade (e a viabilidade prática) de regular esses equipamentos. Em terceiro lugar, examina-se o uso recorrente da IA para a disseminação de notícias falsas. Fenômeno que se agrava com *deepfakes*, que manipulam imagens e sons de maneira extremamente verossímil. A distribuição de notícias falsas, não raro amplificada pelas redes sociais, representa séria ameaça aos sistemas políticos, quando a IA adultera a realidade, manipulando-a com perigos inaceitáveis. Por último, são escrutinados casos de utilização instrumental dos sistemas algorítmicos não abarcados nos exemplos anteriores.

O Capítulo 3, finalmente, aborda a responsabilidade por culpa do programador ou do supervisor da IA. Essa configuração ocorre quando sucede negligência, imprudência ou imperícia por parte do programador (que cria as instruções que compõem a programação da IA) ou do supervisor (que monitora o funcionamento do sistema algorítmico). Destaca-se que existem casos práticos que se amoldam, pelo menos em parte, a essa possibilidade hipotética. Adentrando no tema da responsabilidade do programador, estuda-se o dever de cuidado (*duty of care*) e a noção de pessoa razoável (*reasonable person*) tendo como suporte a doutrina anglo-saxônica sobre a matéria. Em seguida, analisa-se o conceito de culpa e de homem razoável no direito romano-germânico, inclusive tendo em conta a crítica que versa sobre a demasiada objetivação do dever de cuidado. Mais adiante, defende-se a noção de programador razoável. Para que se verifique a responsabilidade humana, mostra-se indispensável que sejam preenchidos os requisitos de: previsibilidade, relação causal e técnica inadequada (em conjunto com o critério de temporalidade). A partir daí, factível a responsabilização do programador, conquanto bem restrita. Defende-se que esta parte do modelo seja aplicada preferencialmente na esfera civil, tendo sua aplicação normativamente mitigada na esfera penal, visto que, a não ser assim, haveria o risco de desmesurada responsabilização do programador. De maneira análoga, o mesmo merece ser assinalado em relação à responsabilidade do supervisor da IA.

Por meio dessa ótica sistemática é que se intenta tratar de tema tão instigante. Sem dúvida, vários paradigmas outrora tidos como imutáveis precisam ser revistos, com a devida prudência. O motivo é incontornável: circunstâncias radicalmente novas exigem tratamentos igualmente novos. A IA não é uma simples inovação tecnológica, tendo o condão de tornar disfuncionais concepções firmemente assentadas. O presente livro, em última instância, abraça o propósito de rever o sistema jurídico e suas categorias, revolvendo ponderadamente as raízes de muitas noções quiçá datadas ou impraticáveis.

CAPÍTULO 1

PERCURSO EVOLUTIVO DA INTELIGÊNCIA ARTIFICIAL E CONCEITUAÇÃO

No presente capítulo, propõe-se, inicialmente, a elaboração de panorama histórico da IA, desde os primórdios e as ideias fundadoras dessa tecnologia até as importantes aplicações que se verificam em expansão contínua. Na sequência, é explicitada a conceituação da IA, que considera o caráter multifacetado e singular dessa inovação. Desse modo, lança-se a base de arcabouço conceitual que enseja, nos capítulos seguintes, o melhor equacionamento da matéria no âmbito jurídico.

1.1 Percurso evolutivo da IA

A espécie humana, há muito, revelou-se capaz de imaginar a criação de objetos com capacidade autônoma.[16] Os mitos das estátuas vivas de Dédalo,[17] do gigante de bronze

---

[16] Notáveis marcos históricos também podem ser verificados com as figuras humanoides do artífice chinês Yan Shi, que viveu de 1023 a 957 a.c. e com o pássaro mecânico projetado por Arquitas de Tarento. SÁNSCHEZ-MARTIN, F.M. et al. Historia de la robótica: de Arquitas de Tarento al robot Da Vinci (Parte I). *Actas Urológicas Españolas*, v. 31, 2, 2007, p. 69-76, e YATES, David R. From Leonardo to da Vinci: the history of robot-assisted surgery in urology. *BJU International*, v. 108, 2011, p. 1709.

[17] BERRYMAN, Sylvia. Ancient automata and mechanical explanation. *Phronesis*, v. 48, 2003. p. 352-353, e MAYOR, Adrienne. *Gods and robots*. Princeton: Princeton University Press. 2018, p. 7-32.

construído pelo deus Hefesto[18] para proteger a ilha de Creta e dos autômatos que serviriam para proteger os restos do corpo de Buda[19] testemunham o fenômeno. Ao lado disso, os autômatos desenhados por Heron de Alexandria[20] e por Al-Jazari,[21] o cavaleiro mecânico de Leonardo da Vinci,[22] os autômatos de Pierre Jaquet-Droz,[23] os bonecos *karakuri* de Tanaka Hisashige[24] e o "pato" que conseguia se "alimentar", de Jacques de Vaucanson,[25] demonstram aspirações reais, não meros mitos.[26]

Já em relação à evolução histórica da IA contemporânea, pertinente referir alguns precursores. O primeiro a mencionar é Charles Babbage, considerado o "pai" do computador devido à máquina analítica,[27] que consistia em computador inteiramente mecânico. Em cooperação com Babbage, Ada Lovelace, ao traduzir do italiano um trabalho de Luigi Menabrea,[28] elaborou notas que são consideradas o primeiro "programa" computacional da história. Lovelace, inclusive,

---

[18] MAYOR, Adrienne. *Gods and robots*: myths, machines, and ancient dreams of technology. Princeton: Princeton University Press, 2018. p. 85-104.

[19] *Ibid.*, p. 203-208.

[20] GRILLO, Franceso. *Hero of Alexandria's automata*. A critical edition and translation, including a commentary on book one, 2019. Disponível em: http://theses.gla.ac.uk/76774/#:~:text=This%20thesis%20is%20a%20critical,opposed%20to%20a%20stationary%2C%20automaton.

[21] The History of The Arabic Automata. *History computer*, 4 de janeiro de 2021. Disponível em: https://history-computer.com/Dreamers/Arabic.html.

[22] KALAN, Satyam. History of robotic surgery. *Journal of Robotic Surgery*, v. 4, 2010. p. 141-142.

[23] STEPHENS, Elizabeth; HEFFERNAN, Tara. We have always been robots: the history of robots and art. *In*: HERATH, Damith; STELARC, Christian Kroos (Ed.). *Robots and art*: exploring an unlikely symbiosis. Springer, 2016. p. 29-30.

[24] BRAHAMBHATT, Rupendra. The Inventor who upgraded japan's mysterious robots 250 years ago. *Interesting Engineering*, 23 de setembro de 2021. Disponível em: https://interestingengineering.com/the-inventor-who-upgraded-japans-mysterious-robots-250-years-ago.

[25] WANG, Yanyu. Jacques de Vaucanson (1709-1782). *In*: CECCARELLI, Marco; FANG, Yibing (Ed.). *Distinguished figures in mechanism and machine science*: their contributions and legacies, Part 4. Cham: Springer, 2020. p. 15-46.

[26] Para uma visão sintética: ATHER, S. Hussain. A history of artificial intelligence: from ancient civilization to the present day. Disponível em: https://ahistoryofai.com/antiquity/.

[27] BROMLEY, Allan G. Charles Babbage's analytical engine. *Annals of the History of Computing*, v. 4, n. 3, 1982. p. 196-217.

[28] AIELLO, Luigia Carlucci. The multifaceted impact of Ada Lovelace in the digital age. *Artificial Intelligence*, v. 235, 2016. p. 60.

corretamente previu a possibilidade de a IA compor música com alto grau de complexidade e extensão,[29] o que agora se mostra realidade inconteste.

Outros trabalhos relevantes que viriam a ser, mais tarde, essenciais para a formalização e a matematização dos algoritmos foram os de Kurt Gödel e Alonzo Church.[30] Os teoremas da incompletude esquematizados por Gödel, por exemplo, afirmam que existem proposições dentro de um sistema formal que não podem ser provadas como verdadeiras, assim como versam sobre a impossibilidade de provar que tal sistema seja consistente, mesmo que de fato o seja.[31] Já as ideias de Church foram fundamentais para a pesquisa de Turing, ao tratar de números "computáveis", isto é, aqueles que podem ser naturalmente "computados". Como versaram sobre o mesmo problema, o nome conhecido é Tese de Church-Turing.[32] Tais contribuições podem parecer adstritas às áreas de matemática, mas são significativas para o funcionamento dos sistemas algorítmicos. Afinal, os algoritmos não deixam de ser um conjunto de operações lógicas e matemáticas.

Alfred Tarski explica que duas peças fundamentais para a matemática são as constantes, que dispõem de significado imutável, e as variáveis, que podem exprimir significados diversos a depender do caso.[33] Esclarece que tais expressões, que contêm variáveis, podem desempenhar uma função sentencial, como no caso de $x + y = 5$, em que existe um resultado para a proposição.[34] Também argumenta que é

---

[29] BODEN, Margaret A. *AI: Its nature and future*. Oxford: Oxford University Press, 2016. p. 7-8.
[30] KOCH, Cristof. *The feeling of life itself*: why consciousness is widespread but can't be computed. Cambridge: The MIT Press, 2019. p. 131.
[31] RAATIKAINEN, Panu. Gödel's incompleteness theorems. *The Stanford Encyclopedia of Philosophy*. ZALTA, Edward N. (Ed.). Disponível em: https://plato.stanford.edu/archives/spr2022/entries/goedel-incompleteness/.
[32] TURING, Alan. On computable numbers, with an application to the Entscheidungsproblem. *Proceedings of the London Mathematical Society*, v. 42, 1937. p. 230.
[33] TARSKI, Alfred. *Introduction to logic and to the methodology of the deductive sciences*. 4. ed. Oxford: Oxford University Press, 1994. p. 3-4.
[34] *Ibid.*, p. 4-5.

possível que cumpram um papel designativo, como 2x + 1, que apenas caracteriza e descreve objetos.[35] Ainda, as sentenças, em seu enfoque, podem ser classificadas em universais, válidas para qualquer referência, e existenciais, que propugnam a existência de objetos com determinadas características.[36] Todas essas classificações mencionadas são de valia para a elaboração de sistemas de IA.

Alan Turing, por sua vez, é amplamente considerado o pai da Inteligência Artificial, em face da publicação do artigo *Computing Machinery and Intelligence* em 1950. Nele, Turing defende que a pergunta "as máquinas podem pensar?" deveria ser substituída por um teste, chamado "jogo de imitação".[37] Assim, a IA deveria ser considerada inteligente (ou não) avaliando o seu comportamento prático,[38] e não por recurso a considerações metafísicas.

O primeiro *chatbot* que logrou passar no teste de Turing foi Eugene Goostman,[39] o que veio a suceder em 2014. Conseguiu enganar dez de trinta membros do júri, passando, dessa forma, no percentual de 30% que Turing estipulara para considerar a máquina inteligente a ponto de enganar um ser humano. Uma observação: Turing escreveu, em 1950, que demoraria 50 anos para que um sistema fosse aprovado em seu teste, tendo errado por somente alguns anos.[40]

O surgimento da expressão "Inteligência Artificial" aflorou em famoso ciclo de pesquisas em Dartmouth College,

---

[35] *Ibid.*, p. 5-6.
[36] *Ibid.*, p. 7-8.
[37] TURING, Alan. Computing machinery and intelligence. *Mind*, v. LIX, Issue 236, 1950. p. 433.
[38] REGGIA, James A. *et al.* Artificial conscious intelligence. *Journal of Artificial Intelligence and Consciousness*, v. 7, n. 1, 2020. p. 95.
[39] ROHR, Altieres. Computador convence juízes de que é garoto de 13 anos em "teste de Turing". *G1*, 09 de junho de 2014. Disponível em: http://g1.globo.com/tecnologia/noticia/2014/06/computador-convence-juizes-que-e-garoto-de-13-anos-em-teste-de-turing.html. Acesso em: 14 jan. 2022.
[40] TURING, Alan. Computing machinery and intelligence. *Mind*, v. LIX, Issue 236, 1950. p. 442.

convocado, em 1955, por John McCarthy[41] e outros cientistas de computação, para ocorrer no verão de 1956. Na convocação, denominada *A Proposal for the Dartmouth Summer Research Project on Artificial Intelligence*,[42] restou cunhado o termo "inteligência artificial".

A aludida convocação partiu do pressuposto de que cada aspecto da aprendizagem e da inteligência poderia vir a ser descrito de maneira que a máquina reunisse condições de simulá-lo.[43] Também podem ser aí encontradas menções a conceitos de linguagem computacional, redes neurais e *self-improvement* (atualmente designado aprendizado de máquina).[44]

Outro marco foi o programa *Logic Theorist*. Elaborado em 1956 por Alen Newell, Herbert A. Simon e John Shaw,[45] esse sistema algorítmico tinha como objetivo a comprovação de teoremas da lógica proposicional.[46] Como demonstração de seu sucesso, provou 38 dos 52 teoremas propostos por Alfred North Whitehead e Bertrand Russell em *Principia Mathematica*.[47] Quer dizer, revelou-se capaz de utilizar elementos de resolução humana para construir um sistema artificial.[48]

---

[41] ANDRESEN, Scott l. John McCarthy: Father of AI. *IEEE Intelligent Systems*, v. 17, Issue 5, 2002. p. 84-85.

[42] MCCARTHY, John; MINSKY, Marvin L.; ROCHESTER, Nathaniel; SHANNON, Claude E. A proposal for the dartmouth summer research project on artificial intelligence: August 31, 1955, *AI Magazine*, v. 27, n. 4, 2006. p. 12-14.

[43] *Ibid.*, p. 12. "The study is to proceed on the basis of the conjecture that every aspect of learning or any other feature of intelligence can in principle be so precisely described that a machine can be made to simulate it".

[44] *Ibid.*, p. 12-14.

[45] Logic theorist explained – everything you need to know. *History Computer*, 4 de janeiro de 2021. Disponível em: https://history-computer.com/ModernComputer/Software/LogicTheorist.html.

[46] GUGERTY, Leo. Newell and Simon's Logic Theorist: Historical Background and Impact on Cognitive Modeling, *Proceedings of the Human Factors and Ergonomics Society Annual Meeting*, v. 50, Issue 9, 2006. p. 880.

[47] WHITEHEAD, Alfred North; RUSSELL, Bertrand. *Principia mathematica*. Cambridge: Cambridge at University Press, 1927.

[48] NEWELL, Allen; SHAW, J. C.; SIMON, Herbert A. Elements of a theory of human problem solving. *Psychological Review*, v. 65, n. 3, 1958. p. 151.

Nessa seara, é fundamental a utilização de teoremas de dedução nos sistemas de IA.[49] Em síntese,[50] existem séries de fórmulas que recebem o nome de axiomas, e regras que versam sobre axiomas, denominadas regras de dedução ou derivação.[51] Já o teorema é um enunciado ou uma proposição que pode ser alcançado por uma linha de dedução formal.[52] Portanto, é possível que seja realizada a inferência de determinada conclusão a partir de um conjunto de dados. Ainda pode ser citada a regra de instanciação universal,[53] que trata de uma proposição que dispõe de um quantificador universal, sendo implicada em todas as instâncias. Em outras palavras, será deduzida a aplicação da regra a partir de um conjunto de quantificadores "gerais".

A lógica deôntica, que explora um conjunto de atos e abstenções que são permitidas, proibidas ou obrigatórias, igualmente se mostra fundamental. Como aponta Marcus Paulo Rycembel Boeira, o sistema padrão da lógica deôntica (*Standard Deontic Logic*) parte de axiomas e regras de inferência, como o princípio de consistência deôntica e o princípio do terceiro excluído.[54] Assim, são analisadas as proposições normativas que norteiam um conjunto lógico.[55]

Pois bem: uma IA consiste exatamente em um sistema direcionado a atuar ou se omitir de determinada maneira em face de comandos presentes nos algoritmos do sistema.

---

[49] CZELAKOWSKI, Janusz. Algebraic aspects of deduction theorems. *Studia Logica*, v. 44, 1985. p. 369-387.
[50] QUESADA, Daniel. Lógica clásica de primer orden. *In*: ALCHOURRÓN, Carlos E.; MÉNDEZ, José M.; ORAYEN, Raúl (Ed.). *Lógica*. Madrid: Editorial Trotta, 2005. p. 82.
[51] Podem também ser denominadas regras de inferência.
[52] QUINE, Willard van Orman. *Mathematical logic*. Cambridge: Harvard University Press, 1981. p. 319.
[53] GAUKER, Cristopher. Universal instantiation: a study of the role of context in logic. *Erkenntnis*, v. 46, 1997. p. 185-214.
[54] BOEIRA, Marcus Paulo Rycembel. *Temas de lógica deôntica e filosofia do direito*. A linguagem normativa entre a escolástica iberoamericana e a filosofia analítica. Rio de Janeiro: Lumen Juris, 2020. p. 147-148, 201.
[55] É possível mencionar ainda o axioma de distribuição: VON WRIGHT, Georg Henrik. Deontic logics. *American Philosophical Quarterly*, v. 4, n. 2, 1967. p. 136-143.

Continuando o percurso histórico, merece ser aludida a IA que conseguia praticar o jogo de damas, concebida por Arthur Samuel. Já em 1962, o seu programa venceu uma partida do quarto melhor jogador de damas dos Estados Unidos na época,[56] marco impressionante que antecedeu, em décadas, a vitória de sistema algorítmico em jogo de xadrez, o que só viria a acontecer em 1997.

Apesar do entusiasmo, expressivos autores se posicionaram contra o fascínio pela IA.[57] Hubert L. Dreyfus[58] apontou, em 1972, vários dos limites que tolhiam os sistemas algorítmicos. Joseph Weizenbaum alertou para os perigos da tecnologia.[59] Quanto a este último, vale assinalar que não se trata apenas de um importante filósofo especulativo, mas de programador responsável pelo primeiro *chatbot*, nomeado ELIZA.

O período de "nascimento" da IA[60] foi ainda marcado pelo desenvolvimento do programa *Bombe* por Alan Turing, com a finalidade de decifrar o código do Enigma, utilizado pelos nazistas durante a Segunda Guerra Mundial, invenção que provavelmente desencadeou a escrita do *Computing Machinery and Intelligence* alguns anos depois. Tal período tem sido identificado como "Primavera da IA".[61]

O período subsequente recebeu o designativo de "Inverno da IA", ocasião em que houve espécie de congelamento do interesse na nova tecnologia. À época, a pesquisa era patrocinada pelos Estados, diferentemente da atualidade, em que empresas privadas lideram no quesito. As duas potências

---

[56] KNUTH, Donald. Arthur Lee Samuel, 1901-1990. *TUGboat*, v. 11, n. 4, 1990.
[57] BOLTER, David. Artificial Intelligence. *Deadalus*, v. 113, n 3, 1984. p. 4.
[58] DREYFUS, Hubert L. *What computers can't do*. New York: Harper & Row Publishers Inc, 1972.
[59] WEIZENBAUM, Joseph. ELIZA – a computer program for the study of natural language communication between man and machine. *Communications of the ACM*, v. 9, Issue 1, 1966. p. 36-45.
[60] HAENLEIN, Michael; KAPLAN, Andreas. A brief history of artificial intelligence: on the past, present, and future of artificial intelligence. *California Management Review*, v. 61, 2019. p. 6-7.
[61] *Ibid.*, p. 6.

de pesquisa no campo (Reino Unido e Estados Unidos) deixaram de financiar os projetos, postura que só seria revista diante dos avanços do Japão na seara.[62]

Todavia, o "inverno" ocasionado pela míngua de verbas para a pesquisa não liquidou a seiva que daria origem à profusão da IA um pouco mais tarde. Assim como uma árvore que parecia seca retoma o vigor quando o calor reaparece, a IA passou a florescer em escala vertiginosa.

Marco emblemático do renascimento pode ser apontado em 1997, quando o campeão mundial de xadrez Garry Kasparov[63] sofreu derrota para o programa Deep Blue. Essa proeza foi viável ao alimentar a IA com milhares de partidas de jogadores experientes, conjugando notável capacidade de processamento.[64]

Na primeira rodada contra Kasparov, em 1996, o sistema algorítmico perdeu, mas, no ano seguinte, alcançou o feito de suplantar aquele que foi, para muitos, o melhor jogador de xadrez do mundo.[65] No início, o campeão mundial parecia não acreditar que a tecnologia o havia vencido sem ajuda humana, questionando a empresa desenvolvedora dos algoritmos.[66] Ou seja, parecia incrédulo perante a inédita façanha realizada pela IA, caracterizada por atuar de forma diferente da esperada dos seres humanos. Consta que Kasparov fez as pazes com a tecnologia, argumentando que o ser humano precisa aprender a conviver com a IA.[67]

---

[62] *Ibid.*, p. 7-8.
[63] Deep Blue. *IBM 100*. Disponível em: https://www.ibm.com/ibm/history/ibm100/us/en/icons/deepblue/.
[64] O programa conseguia examinar 200 milhões de posições do jogo de xadrez.
[65] GOODRICH, Joanna. How IBM's deep blue beat world champion chess player Garry Kasparov. *IEEE Spectrum*. 25 de janeiro de 2021. Disponível em: https://spectrum.ieee.org/how-ibms-deep-blue-beat-world-champion-chess-player-garry-kasparov.
[66] Twenty years on from Deep Blue vs Kasparov: how a chess match started the big data revolution. *The Conversation*, 11 de maio de 2017. Disponível em: https://theconversation.com/twenty-years-on-from-deep-blue-vs-kasparov-how-a-chess-match-started-the-big-data-revolution-76882.
[67] KNIGHT, Will. Defeated Chess Champ Garry Kasparov Has Made Peace With AI. *The Wired*, 21 de fevereiro de 2020. Disponível em: https://www.wired.com/story/defeated-chess-champ-garry-kasparov-made-peace-ai/.

A gigantesca capacidade de processamento da IA verificada pelo DeepBlue, que examinava mais de 200 milhões de jogadas de tabuleiro, não deixa de ser uma aplicação de um conceito da lógica modal, denominada de "mundos possíveis". Por meio dos operadores de necessidade, possibilidade e contingência,[68] essa lógica trata de mundos possíveis sob um ponto de vista formal e lógico. Os sistemas algorítmicos conseguem explorar essas diversas realidades com primazia, mesmo que sejam hipotéticas.

Em 2011, uma IA denominada Watson,[69] também famosa pela aplicação à medicina, foi responsável por outro marco significativo na evolução da IA. Em disputa no Jeopardy! (jogo de perguntas e respostas versando sobre história, cultura etc., que exige avançada capacidade analítica de dados no que tange ao processamento de linguagem), o sistema algorítmico resultou vencedor, tendo mostrado não somente capacidade de "entender" as perguntas, como de respondê-las satisfatoriamente. A compreensão da linguagem é, indubitavelmente, enorme desafio para a IA, ainda mais em jogos que requerem atenção a nuances e regionalismos. Para esse fim, o sistema de IA do Watson utiliza o *DeepQA (Deep Questions and Answers)*.[70]

Outro feito memorável sucedeu em 2016, envolvendo o Go, jogo asiático semelhante ao xadrez (todavia muito mais sofisticado e difícil). Lee Sedol foi sobrepujado pelo AlphaGo graças a um movimento considerado inovador e que jamais havia sido visto. Consta que ninguém pareceu entender a jogada.[71]

---

[68] ZULETA, Hugo R. *Normas e justificação*: uma investigação lógica. Madri: Marcial Pons, 2008. p. 75, e VON WRIGHT, Georg Henrik. *An essay in modal logic*. Amsterdam: North-Holland Publishing Company, 1951.

[69] MARKOFF, John. Computer wins on 'Jeopardy!': Trivial, It's Not. *The New York Times*, 16 de fevereiro de 2011. Disponível em: https://www.nytimes.com/2011/02/17/science/17jeopardy-watson.html.

[70] ALLAIN, Jessica S. From Jeopardy! to Jaundice: the medical liability implications of Dr. Watson and other artificial intelligence systems. *Louisiana Law Review*, v. 73, 2013. p. 1053.

[71] METZ, Cade. How Google's AI viewed the move no human could understand. *The Wired*, 14 de março de 2016. Disponível em: https://www.wired.com/2016/03/googles-ai-viewed-move-no-human-understand/.

Convém frisar que a IA demonstrou capacidade de formular e executar movimentos únicos e criativos. Por conseguinte, a IA não só aprendeu com o que havia sido coletado de informação (algo que é parte essencial do *machine learning*), como empregou o aprendizado para forjar estratégia nova, que nunca havia sido empreendida por seres humanos.

Com visualização de mais de cem milhões de pessoas,[72] o impacto da vitória da IA ressoou de modo equiparável à derrota de Kasparov. As consequências para Lee foram consideráveis, tendo abandonado a carreira de jogador profissional por reputar os sistemas algorítmicos invencíveis.[73]

Uma nova versão, chamada AlphaGo Zero, efetuou adicional proeza: aprender a jogar de maneira completamente autônoma. Após jogar consigo mesma milhões de vezes, expressou *performance* técnica superior à da versão que derrotara Lee. Em síntese, a rigor, o programador humano não se mostrava mais necessário[74] para instruir a IA com as partidas de jogadores experientes para que a máquina aprendesse a jogar.

Não é só em jogos de tabuleiro que a IA alcança a primazia em relação ao ser humano.[75] No jogo de *videogame* Gran Turismo (que simula corridas), a Sophy conseguiu, recentemente, ganhar de 95% de jogadores humanos após meros dois dias de treino. Surge a indagação: quanto tempo resta para que um sistema algorítmico seja responsável pela vitória em pista real?

---

[72] SANG-HUN, Choe. Google's Computer Program Beats Lee Se-dol in Go Tournament. *The New York Times*, 15 de março de 2016. Disponível em: https://www.nytimes.com/2016/03/16/world/asia/korea-alphago-vs-lee-sedol-go.html.

[73] Go master quits because AI 'cannot be defeated. *BBC*, 27 de novembro de 2019. Disponível em: https://www.bbc.com/news/technology-50573071.

[74] VINCENT, James. DeepMind's Go-playing AI doesn't need human help to beat us anymore. *The Verge*, 18 de outubro de 2017. Disponível em: https://www.theverge.com/2017/10/18/16495548/deepmind-ai-go-alphago-zero-self-taught.

[75] SAMPLE, Ian. Sony trains AI to leave world's best Gran Turismo drivers in the dust. *The Guardian*, 9 de fevereiro de 2022. Disponível em: https://www.theguardian.com/technology/2022/feb/09/sony-playstation-trains-ai-to-leave-worlds-best-gran-turismo-drivers-in-the-dust.

Em 2020, outro evento digno de nota sobreveio com o AlphaFold. Essa IA conseguiu resolver problema que há cinquenta anos atormentava: como prever a formação de proteínas,[76] questão muito relevante para entender e tratar doenças, como câncer e demência, provocadas por alterações nas formas proteicas. Até a variante Ômicron da Covid-19 foi prevista de forma quase inteiramente precisa.[77] De certo modo, o método hipotético-dedutivo sofrerá uma remodelação, considerando a imensa capacidade da IA de formular conjecturas diferentes, em velocidade e escala impressionantes.[78]

Em outra aplicação, os veículos autônomos prometem revolucionar o modo pelo qual a humanidade se desloca, tornando prescindível a intervenção de qualquer motorista (pelo menos no estágio mais avançado da completa autonomia).[79] O primeiro veículo com capacidade autônoma teria sido construído no Japão pela *Tsukuba Mechanical Engineering Lab*[80] em 1971. Atualmente, uma das mais utilizadas técnicas de reconhecimento de objetos é conhecida por LIDAR (*Light Detection and Ranging*), que detecta o ambiente com o reflexo de luz por intermédio de sensor a laser rotativo.[81] O reconhecimento de imagens por meio de câmeras é outro método disponível. Sem dúvida, trata-se de mercado emergente com chance de crescimento promissor nas próximas décadas, tendo em vista que múltiplas empresas e países buscam a liderança

---

[76] SHEAD, Sam. DeepMind solves 50-year-old 'grand challenge' with protein folding A.I. *CNBC*, 30 de novembro de 2020. Disponível em: https://www.cnbc.com/2020/11/30/deepmind-solves-protein-folding-grand-challenge-with-alphafold-ai.html.

[77] SIMONITE, Tom. This AI software nearly predicted omicron's tricky structure. *Wired*, 10 de janeiro de 2022. Disponível em: https://www.wired.com/story/ai-software-nearly-predicted-omicrons-tricky-structure/.

[78] GROVE, William M.; MENTON, William H. Hypothetico-Deductive Model. *The Encyclopedia of Clinical Psychology*, 2015. p. 1-3.

[79] KEMP, Roger. Autonomous vehicles – who will be liable for accidents. *Digital Evidence and Electronic Signature Law Review*, v. 15, 2018. p. 33.

[80] GAMMON, Kate. Future past: self-driving cars have actually been around for a while. *Car and driver*, 15 de novembro de 2016. Disponível em: https://www.caranddriver.com/news/a15343941/future-past-self-driving-cars-have-actually-been-around-for-a-while/.

[81] HIRZ, Mario; WALZEL, Bernhard. Sensor and object recognition technologies for self-driving cars. Computer-Aided Design and Applications, v. 15, Issue 4, 2018, 2018. p. 501-508.

(os principais polos são localizados nos Estados Unidos, na Europa e na Ásia).[82] Por certo, há impactos acessórios ou externalidades, tais como o melhor rendimento do combustível e a alteração do modo de estacionar[83] e locomover,[84] com o impositivo redesenho arquitetônico das cidades.

Vozes da indústria automobilística argumentam que, como a maior parte dos acidentes de carro ocorre em função de falhas humanas, os veículos autônomos serviriam, em princípio, para reduzir os riscos de tragédia.[85] Naturalmente, isso não significa que os acidentes deixarão de ocorrer (por sinal, o primeiro registro de morte ocasionada por veiculo autônomo é de 2018).[86] Mostra-se improtelável, portanto, uma resposta jurídica robusta para essas circunstâncias inovadoras, inclusive em relação à possível responsabilização do programador ou do supervisor, tema aflorado, com vagar, no Capítulo 3.

Vale sublinhar que a noção de veículo é mais ampla do que a de carros. Sistemas de trens autônomos são utilizados por vários países, notadamente em metrôs. Na China, há trem-bala autônomo.[87] Os navios sem a necessidade de capitão já estão sendo testados.[88] Até protótipos de aviões que decolam e pousam com IA[89] aparecem no radar.

---

[82] BADUE, Claudine *et al*. *Self-driving cars*: a survey. Disponível em: https://arxiv.org/pdf/1901.04407.pdf.

[83] GURNEY, Jeffrey K. Sue my car not me: products liability and accidents involving autonomous vehicles. *University of Illinois Journal of Law, Technology & Policy*, v. 2013, n. 2, 2013. p. 251.

[84] CHOI, Charles Q. How self-driving cars might transform city parking. *IEEE Spectrum*. Disponível em: https://spectrum.ieee.org/autonomous-parking.

[85] MATTIOLI, Michael. Autonomy in the age of autonomous vehicles. *Boston University Journal of Science and Technology Law*, v. 24, n. 2, 2018. p. 281.

[86] Vídeo mostra o momento em que carro autônomo atropela pedestre nos EUA. *BBC*, 22 de março de 2018. Disponível em: https://www.bbc.com/portuguese/geral-43508977.

[87] DAYE, Chu. China unveils brand new, state-of-the-art train to serve Beijing Winter Olympics. *Global Times*, 6 de janeiro de 2022. Disponível em: https://www.globaltimes.cn/page/202201/1245316.shtml.

[88] BEIGHTON, Rochelle. World's first crewless, zero emissions cargo ship will set sail in Norway. *CNN*, 27 de agosto de 2021. Disponível em: https://edition.cnn.com/2021/08/25/world/yara-birkeland-norway-crewless-container-ship-spc-intl/index.html.

[89] HOUSER, Kristin. Watch this tiny plane nail a fully autonomous landing. *The Byte*, 9 de julho de 2019. Disponível em: https://futurism.com/the-byte/watch-tiny-plane-fully-autonomous-landing.

Os veículos autônomos talvez realcem de modo paradoxal os benefícios e malefícios que a IA pode acarretar. Se, de uma parte, tendem a proporcionar mais segurança (o que é discutível, visto que o risco de hackeamento não é nada desprezível) e a injetar bilhões nas economias dos países desenvolvedores da tecnologia,[90] de outra parte tendem a trazer incontáveis perdas de postos de trabalho.

Com efeito, o "desemprego tecnológico"[91] decorrente da IA é perigo real que, se não for enfrentado com prevenção e eficiência, pode suscitar dramáticos impactos socioeconômicos. Não é exagero antever a hipótese de novo movimento ludita[92] contra as máquinas, quiçá dessa vez com alcance global.

Já os *chatbots* (literalmente, "robôs de conversa") funcionam como instrumentos de emulação dos humanos na prática de conversação, podendo ser utilizados tanto no formato de texto como no de áudio, e em combinação com imagem.[93] Como referido, ELIZA é considerado o primeiro *chatbot*, criado por Joseph Weizenbaum entre 1964 e 1966.[94] Aqui, o leque é vasto, comportando várias aplicações, desde as mais triviais, como encomendar alimento por aplicativo,[95] até a simulação de pessoa morta.[96]

---

[90] RAPIER, Graham. Self-driving cars could wipe out 4 million jobs – but a new report says the upsides will be easily worth it. *Insider*, 13 de junho de 2018. Disponível em: http://markets.businessinsider.com/news/stocks/self-driving-cars-could-kill-4-million-jobs-economic-impact-worth-it-2018-6-1026937775.

[91] SU, Grace. Unemployment in the AI age. *AI Matters*, v. 3, Issue 4, 2018. p. 35-43.

[92] THOMPSON, Clive. When robots take all of our jobs, Remember the Luddites. *Smithsonian Magazine*, Janeiro de 2017. Disponível em: https://www.smithsonianmag.com/innovation/when-robots-take-jobs-remember-luddites-180961423/.

[93] Para alguns exemplos: ELLIS, Megan. The 5 best android chatbots that'll keep you entertained. *MUO*, 4 de agosto de 2021. Disponível em: https://www.makeuseof.com/tag/unique-android-chatbots/.

[94] WEIZENBAUM, Joseph. ELIZA – a computer program for the study of natural language communication between man and machine. *Communications of the ACM*, v. 9, Issue 1, 1966. p. 36-45.

[95] BOULTON, Clint. Papa John's serves up AI for more efficient ordering. *CIO*, 3 de agosto de 2021. Disponível em: https://www.cio.com/article/189048/papa-johns-serves-up-ai-for-more-efficient-ordering.html.

[96] KATZ, Leslie. Talk with your dead loved ones – through a chatbot. *CNET*, 17 de dezembro de 2021. Disponível em: https://www.cnet.com/news/hereafter-ai-lets-you-talk-with-your-dead-loved-ones-through-a-chatbot/.

A similaridade dos *chatbots* com os seres humanos é inegável, com sérias implicações regulatórias. Não raro, podem induzir o interlocutor a crer que o diálogo está sendo travado com humano, não com máquina, visto que dispõem de capacidade de interatividade.[97] Apenas a título de ilustração, existem alguns seres humanos que mantêm até mesmo relação amorosa com sistemas algorítmicos.[98]

A IA no campo médico parece alentadora em vários aspectos. Pode servir como assistente ou como instrumentos robóticos (robôs cirúrgicos, robôs de reabilitação etc.).[99] Nesse terreno, pode ainda ser empregada para o diagnóstico e para a administração do sistema de saúde.[100]

O uso é diversificado, encontrável em áreas como a dermatologia, a oftalmologia, a cardiologia, a gastroenterologia e a saúde mental.[101] Por exemplo, o programa Watson analisa em segundos e oferece diagnósticos que levariam semanas para serem realizados pelos métodos humanos.[102] Em conjunto com a telemedicina (prática de medicina a longa distância *online*) e com a medicina cibernética (pela aplicação de Internet),[103] a IA, na seara médica, pode ensejar relevantes impactos nos padrões de saúde. Prova disso tem sido o emprego durante a pandemia da Covid-19 para a predição de casos, a detecção de infecção e a contribuição inestimável para o veloz desenvolvimento de vacinas.

---

[97] ADIWARDANA, Daniel; LUONG, Minh-Thang; SO, David R.; HALL, Jamie; FIEDEL, Noah; THOPPILAN, Romal; YANG, Zi; KULSHRESHTHA, Apoorv; NEMADE, Gaurav; LU, Yifeng; LE, Quoc V. Towards a Human-like Open-Domain Chatbot. Disponível em: https://arxiv.org/pdf/2001.09977.pdf. Acesso em: 24 jan. 2022.

[98] WILKINSON, Chiara. The people in intimate relationships with AI chatbots. *VICE*, 21 de janeiro de 2022. Disponível em: https://www.vice.com/en/article/93bqbp/can-you-be-in-relationship-with-replika.

[99] CHEI, Men; DECARY, Michel. Artificial intelligence in healthcare: an essential guide for health leaders. *Healthcare Management Forum*, v. 33, 2020. p. 11-12.

[100] HE, Jianxing *et al.* The practical implementation of artificial intelligence technologies in medicine. *Nature Medicine*, v. 25, 2019. p. 32.

[101] TOPOL, Eric J. High-performance medicine: the convergence of human and artificial intelligence. *Nature Medicine*, v. 25, 2019. p. 44-48.

[102] ALLAIN, Jessica S. From Jeopardy! to Jaundice: The medical liability implications of Dr. Watson and other artificial intelligence systems. *Louisiana Law Review*, v. 73, 2013. p. 1049.

[103] *Ibid.*, p. 1057.

Por sua vez, sistemas autônomos de armas, designados usualmente AWS (*Autonomous Weapons Systems*) ou LAWS (*Lethal Autonomous Weapons Systems*),[104] levantam sérias inquietações relativas à preservação de direitos humanos.[105] Aqui não se trata de mero *drone* operado remotamente por seres humanos, mas de máquina que toma decisões de vida ou morte de maneira autônoma. Em outras palavras, a IA "escolhe" quem deve ser morto (e quando). À evidência, mostra-se impositiva a regulação da matéria e a devida responsabilização,[106] tema abordado no Capítulo 2, que aprofunda o estudo de aplicações instrumentais da IA.

Em face dos marcos colacionados, impõe-se destacar que as análises que subestimam o potencial transformador da IA são, a cada momento, confrontadas com impressionantes fatos. A questão é que a capacidade da IA é gigantesca, tanto para o bem como para o mal. Quer dizer, tanto pode representar significativo auxílio à humanidade (em termos de acurácia de diagnósticos, por exemplo) como, no limite, pode destruí-la (como o uso bélico).

Finalizado o exame da evolução histórica, parte-se, na próxima seção, para a conceituação da IA.

1.2 Conceituação de IA

O ser humano, fruto de milênios de evolução natural, dispõe de inteligência. Esse é o alicerce a partir do qual emerge a discussão sobre a possibilidade de inteligência em sistemas algorítmicos.

O ponto é: o ser humano é a única espécie inteligente no ecossistema terrestre? Em outros termos, a inteligência seria

---

[104] MEIER, Michael W. Lethal Autonomous Weapons Systems (Laws): conducting a comprehensive weapons review. *Temple International & Comparative Law Journal*, v. 30, n. 1, 2016. p. 119-132.
[105] SCHARKEY, Amanda, Autonomous weapons systems, killer robots and human dignity. *Ethics and Information Technology*, v. 21, 2019. p. 75-87.
[106] CROOTOF, Rebecca. War torts: accountability for autonomous weapons. *University of Pennsylvania Law Review*, v. 164, n. 6, 2016. p. 1399.

atributo exclusivo da espécie humana ou estaria presente em outras entidades biológicas? Muitos cientistas argumentam que chimpanzés, por exemplo, dispõem de inteligência semelhante à do humano.[107] Por sua vez, os polvos possuiriam inteligência superior ao restante dos moluscos.[108] Os golfinhos são inteligentes a ponto de conseguirem agir socialmente.[109] Os insetos mostram-se capazes de exercitar um tipo de inteligência.[110]

Seja como for, a rica inteligência humana (e a de outras espécies) é eminentemente natural, ou seja, oriunda de longa evolução biológica. Em contraste, a IA não passa de uma inteligência artificial, isto é, não natural.[111] O traço inerente de artificialidade advém do fato de que se trata de invenção humana, não derivada da seleção natural.

No entanto, a ideia de artificialidade não é nada simples. Como observa Robert Sokolowski, há dois sentidos distintos para o termo.[112] O primeiro poderia ser visto na afirmação de que as flores falsas seriam artificiais, ou seja, por mais que aparentem ser verdadeiras, não deixariam de ser cópias das plantas vivas.[113] O segundo sentido poderia ser constatado no exemplo da luz artificial: nesse caso, a artificialidade significaria que não provém da natureza, mas a luz de uma lâmpada seria tão verdadeira como a luz do sol, por mais que seja de tipo distinto.[114] Outro tanto alega que poderia ser dito em

---

[107] POVINELLI, Daniel J.; VONK, Jennifer. Chimpanzee minds: suspiciously human? *Trends in Cognitive Sciences*, v. 7, Issue 4, 2003. p. 157-160.

[108] GODFREY-SMITH, Peter. *Other minds*: the octopus, the sea, and the deep origins of consciousness. New York: Farrar, Straus and Giroux, 2016.

[109] GARG, S. et al. Panigrahi Social Network measures association with social and intelligent behaviors in Dolphin network. *11th International Conference on Cloud Computing, Data Science & Engineering (Confluence)*, 2021. p. 655-659.

[110] GORVETT, Zaria. Why insects are more sensitive than they seem. *BBC*, 28 de novembro de 2021. Disponível em: https://www.bbc.com/future/article/20211126-why-insects-are-more-sensitive-than-they-seem.

[111] CHRISLEY, Ronald. General Introduction: The concept of artificial intelligence. *In*: CHRISLEY, Ronald (Ed.). *Artificial intelligence*: critical concepts, Volume 1. London: Routledge, 2000. p. 2.

[112] SOKOLOWSKI, Robert. Natural and artificial intelligence. *Daedalus*, v. 117, n. 1. p. 45-47.

[113] *Ibid.*, p. 45.

[114] *Ibid.*, p. 45.

relação ao movimento de uma ave ou de um avião:[115] em que pese aquele ser movimento natural, e este ser o resultado de artefato humano, ambos possuiriam atributos de movimento de voo (de diferentes tipos, claro).

Então, o caráter artificial da IA seria como uma flor falsa ou a luz de uma lâmpada? Parece que as duas visões apresentam pontos de vista acertados, porquanto, por um lado, a IA nunca deixa de ser imitativa (no sentido de emular a inteligência humana, porém sem ser autêntica inteligência), e, de outro, dispõe de um gênero de inteligência própria e única (uma inteligência específica, por assim dizer, da IA).

John McCarthy,[116] por sua vez, entendia a IA como a ciência de criar máquinas inteligentes. Para o autor, a inteligência poderia ser resumida como a habilidade de atingir objetivos no mundo, sendo que, de acordo com essa definição muito limitada, tanto animais como máquinas seriam enquadráveis como inteligentes.

Um traço inerente à conceituação da IA é a capacidade de realizar inferências,[117] vale dizer, de emular o raciocínio inferencial dedutivo.[118] Isso significa aptidão de extrair conclusões, uma vez que axiomas e regras de derivação tenham sido fixados.

Outro desafio é o de determinar o que pode ser considerado inteligente. Até hoje, não cessam as tentativas de criar teste perfeito para aferir a inteligência.[119] Contudo, para a finalidade aqui proposta, o teste de Turing continua o mais apropriado.

---

[115] *Ibid.*, p. 46.
[116] MCCARTHY, John. *What is artificial intelligence*. Stanford University, 2007. p. 2. Disponível em: http://jmc.stanford.edu/articles/whatisai.html.
[117] SCHANK, Roger C. What is AI, anyway? *AI Magazine*, v. 8, n. 4, 1987. p. 62.
[118] SOKOLOWSKI, Robert. Natural and artificial intelligence. *Daedalus*, v. 117, n. 1. p. 57.
[119] HERNÁNDEZ-ORALLO, José; DOWE, David L. Measuring universal intelligence: Towards an anytime intelligence test. *Artificial Intelligence*, v. 174, Issue 18, 2010. p. 1508-1539, e HERNÁNDEZ-ORALLO, José. *The measure of all minds*: evaluating natural and artificial intelligence. Cambridge: Cambridge University Press, 2017.

Resumidamente, o teste proposto por Turing[120] funciona da seguinte maneira: haveria um homem (A), uma mulher (B) e um interrogador (C), que poderia ser de qualquer sexo. O interrogador não saberia o sexo dos participantes, que seriam chamados apenas X e Y. Assim, ele deveria acertar o sexo de X e Y, sendo que A, o homem, deveria tentar de todas as formas enganar o interrogador, de modo que este pensasse se tratar de uma mulher.

O autor propõe que A seja trocado por uma IA, ocupando o lugar do homem. Caso enganasse o interrogador, o teste seria bem-sucedido. À vista disso, a grande indagação seria sobre se o interrogador erraria com a mesma frequência, quer se tratasse de máquina ou de ser humano. Turing estipula o critério de acordo com o qual um interrogador médio, após cinco minutos, não poderia distinguir uma máquina de um ser humano com mais de 70% de chance de acerto.[121]

Em que pesem as limitações da época, previu hipóteses tão certeiras, que demonstram como estava à frente de seu tempo. Efetuou a distinção entre o computador digital – que justamente se designa de IA – e o computador humano, que segue regras fixas sem a possibilidade de desvio.[122] Hoje essa distinção pode ser levada a efeito com a diferenciação entre autonomia e automação, conceitos claramente inconfundíveis. O segundo trata apenas de sistemas que operam de modo automatizado, não dispondo de autonomia própria.

Pois bem. Existem três maneiras de compreender o jogo da imitação, como salienta John Searle:[123] na primeira, seria entendido somente como imitação literal do comportamento humano, de modo a "duplicar"[124] a conduta, não importando o

---

[120] TURING, Alan. Computing machinery and intelligence. *Mind*, v. LIX, n. 236, 1950. p. 433-434.
[121] *Ibid.*, p. 442.
[122] *Ibid.*, p. 436.
[123] SEARLE, John R. The Turing Test: 55 years later. *In*: EPSTEIN, Robert; ROBERTS, Gary; BEBER, Grace (Ed.). *Parsing the Turing Test*: philosophical and methodological issues in the quest for the thinking computer. Springer, 2009. p. 139-141.
[124] *Ibid.*, p. 141.

que se passa dentro do sistema (*weak Turing Test*).[125] Na segunda, reduziria a inteligência humana ao seu comportamento, de sorte que, se passasse no teste, estaria comprovado o aspecto mental da inteligência (*strong Turing Test*).[126] Ainda, versão modificada da versão forte subdividiria o comportamento e os processos inteligentes de pensamento, sendo que o teste serviria para comprovar o âmbito mental.[127]

O próprio Turing arrola e descreve as principais objeções que poderiam ser opostas ao seu pensamento:[128] 1) a objeção teológica, segundo a qual exclusivamente seres humanos (e não animais nem máquinas) possuiriam "alma"; 2) a objeção das cabeças na areia, de acordo com a qual, ao se crer que as consequências de uma máquina pensante seriam negativas, seria melhor não acreditar na hipótese; 3) a objeção matemática, que se refere às limitações das *Discrete State Machines* (*DSMs*), que não teriam capacidade suficiente para essa operação matemática; 4) a objeção da consciência, uma vez que uma máquina jamais teria a consciência do ser humano; 5) o argumento de que existem várias deficiências, como a impossibilidade de ter humor, cometer erros, amar etc; 6) a objeção da Lady Lovelace, que trataria da incapacidade de a IA criar algo novo, sendo apenas instada a realizar algo ordenado; 7) a objeção da continuidade do sistema nervoso, que entende impossível uma máquina imitar o funcionamento do cérebro humano; 8) o argumento da informalidade do comportamento, segundo o qual seria impossível elaborar regras para todo tipo de circunstância que uma pessoa poderia se deparar, argumento diante do qual Turing propõe a distinção entre *rules of conduct* e *laws of behaviour*,[129] e 9) o

---

[125] Ibid., p. 140-141.
[126] Ibid., p. 140-141.
[127] Ibid., p. 141.
[128] TURING, Alan. Computing machinery and intelligence. *Mind*, v. LIX, n. 236, 1950. p. 442-454.
[129] Ibid., p. 452. Turing admite ser impossível providenciar regras de conduta (como dever de parar no sinal vermelho) para todo o tipo de situação, mas defende a possibilidade de arquitetar leis de comportamento, ou seja, as máquinas seriam, assim como os seres humanos, guiadas por elas.

argumento da percepção extrassensorial, de acordo com o qual habilidades como telepatia, clarividência e precognição seriam impossíveis para uma máquina.

Interessante notar que algumas das objeções acima restaram completamente refutadas no mundo prático. A objeção matemática, que supunha a falta de capacidade técnica dos sistemas algorítmicos de alcançarem resultados desejados, demonstra-se completamente falsa perante as citadas conquistas da IA. Por igual, o argumento de que a IA não conseguiria produzir algo novo se mostra equivocado, uma vez que os sistemas algorítmicos criam até mesmo o rosto de pessoas.[130] Igualmente ultrapassada a ideia de que a IA disporia de inúmeras deficiências, pois hoje simula até as emoções humanas.

Alguns dos argumentos ainda devem ser discutidos, como a possibilidade (ou não) de consciência para os sistemas algorítmicos. A objeção de inexistência de alma em máquina parece difícil de ser refutada. Seja como for, essas discussões tornam cogente o reexame atento da matéria, tendo em vista o ser humano e sua diferença substancial e ontológica em relação à IA.

Registre-se que Turing acreditava na possibilidade de um computador se equiparar à consciência humana, visto que entendia que a mente poderia ser explicada em termos mecânicos. Teceu a analogia de que a consciência seria como as camadas de uma cebola: após remover camada por camada, chegar-se-ia ao ponto de não haver mais nada.[131]

Com linha de pensamento similar, Daniel Dennett[132] admite a possibilidade de uma IA com consciência. De acordo

---

[130] VINCENT, James. ThisPersonDoesNotExist.com uses AI to generate endless fake faces. *The Verge*, 15 de fevereiro de 2019. Disponível em: https://www.theverge.com/tldr/2019/2/15/18226005/ai-generated-fake-people-portraits-thispersondoesnotexist-stylegan.

[131] TURING, Alan. Computing machinery and intelligence. *Mind*, v. LIX, n. 236, 1950. p. 454-455.

[132] DENNETT, Daniel C. Consciousness in human and robot minds. *In*: ITO, Masao; MIYASHITA, Yasushi; ROLLS, Edmund T. (Ed.). *Cognition, computation, and consciousness*. Oxford: Oxford University Press, 1997. p. 17.

com essa visão, o ser humano seria uma espécie de "robô", resultante de milhares de anos de evolução, em contraste a um programa. A perspectiva de desenvolver um sistema algorítmico consciente seria, portanto, teoricamente factível (no entanto, ele deixa claro que, por razões práticas, seria tarefa hercúlea).

Marvin Minsky,[133] igualmente, acredita na viabilidade de a IA alcançar verdadeira inteligência, ao argumentar que um ser humano não seria diferente de uma máquina. Rejeita a noção de que as pessoas não poderiam ser computadores, afirmando que a noção de máquina, geralmente associada a objetos físicos como engrenagens, deve ser revisitada, de ordem a englobar o ser humano.

De maneira diversa entende John Searle,[134] ao procurar refutar a ideia de que a IA forte teria intencionalidade, elaborando o *Gedankenexperiment* do Quarto Chinês (*Chinese Room*). A hipótese formulada era a seguinte: uma pessoa ficaria em uma sala somente com as instruções de tradução de chinês, tendo que responder a mensagens escritas naquela língua. O indivíduo, à conta dessas regras, seria apto a responder as perguntas, mesmo desconhecendo a língua. O experimento mental de Searle procede à analogia dessa pessoa com uma máquina, pois, embora pareça conhecer o mandarim, trata-se de simulação. Em outras palavras, a pessoa desconheceria completamente o idioma, do mesmo modo que uma IA não poderia dispor de verdadeira intencionalidade. As regras para a tradução do chinês funcionariam como um "programa".[135]

Sem dúvida, trata-se de aspecto central de seu argumento: a simulação do entendimento e do pensamento não significa que a IA de fato entenderia qualquer coisa, assim como quando realizada a simulação de produção de leite e açúcar

---

[133] MINSKY, Marvin. *The society of mind*. New York: Simon & Schuster, 1986. p. 30.
[134] SEARLE, John R. Minds, brains, and programs. *The behavioral and brain sciences*, v. 3, 1980. p. 417-419.
[135] *Ibid.*, p. 418.

por um programa, isso não importaria a sua real produção.[136] Logo, a capacidade de "pensamento" estaria adstrita a seres humanos,[137] mostrando-se a intencionalidade um fenômeno eminentemente biológico.[138]

O argumento de Searle, todavia, sofre várias críticas. A mais conhecida é denominada *The Systems Reply*,[139] a qual afirma que a pessoa dentro do quarto deve ser entendida como uma parte de um sistema, que incluiria, por exemplo, as instruções para entender chinês. Desse modo, o sistema, como um todo, possuiria a capacidade de pensamento e consciência.[140]

Em face disso, Peter Norvig e Stuart Russel[141] oferecem angulação interessante, ao afirmarem que a engenharia aeronáutica não visaria à construção de máquinas que voam como pombos a ponto de conseguirem enganar até outras aves. De modo similar, o objetivo do ramo da IA não seria a construção de um sistema algorítmico que apresentasse a mesma inteligência humana. Em outras palavras, o teste de Turing não seria, para os autores, um fator decisivo para caracterização da inteligência.

Retomando: a distinção entre IA fraca e forte foi elaborada por Searle quando tratou do experimento do Quarto Chinês.[142] A abordagem da IA fraca, nesses termos, afigura-se útil para melhor compreender sua função instrumental. Essa, a propósito, é a hipótese da IA vista como ferramenta

---

[136] Ibid., p. 424.
[137] SEARLE, John R. Consciousness, explanatory inversion and cognitive science. *Behavioral and Brain Sciences*, v. 13, 1990. p. 585-642.
[138] SEARLE, John R. Minds, brains, and programs. *The behavioral and brain sciences*, v. 3, 1980. p. 424.
[139] COLE, David. The Chinese Room Argument. The Stanford Encyclopedia of Philosophy (Winter 2020 Edition). *In*: ZALTA, Edward N. (Ed.). Disponível em: https://plato.stanford.edu/entries/chinese-room/.
[140] SEARLE, John R. Minds, brains, and programs. *The behavioral and brain sciences*, v. 3, 1980. p. 419-420.
[141] RUSSEL, Stuart; NORVIG, Peter. *Artificial intelligence*: a modern approach. 3. ed. Londres: Pearson Education limited, 2016. p. 3.
[142] SEARLE, John. Minds, brains and programs. *The Behavioral and Brain Sciences*, v. 3, 1980. p. 417.

para o cometimento de ato ilícito, tópico minuciosamente examinado no Capítulo 2. Já a IA forte seria a mais próxima da mente humana, dispondo de capacidade de entendimento e compreensão. Em sua concepção, como explicado, mesmo a IA forte não possuiria verdadeira capacidade de pensamento e intencionalidade igual à do ser humano.[143]

A ideia de IA geral (*Artificial General Intelligence*) distingue-se nitidamente da IA estreita (*narrow*).[144] Em poucas palavras, a diferença reside na amplitude das atividades que podem ser levadas a cabo pelos algoritmos: enquanto a *narrow* possui âmbito de atuação muito restrito e específico, a primeira tem imenso âmbito de aplicação e autonomia em grau acentuado. No entanto, mesmo a IA estreita embute sérios riscos,[145] como ressaltado no próximo capítulo, pois tem a possibilidade de eficientemente facilitar o cometimento de condutas ilícitas.

Em síntese, a IA apresenta-se *narrow* se não dispuser de atributos de larga generalidade, adaptabilidade e flexibilidade.[146] Originalmente, a noção de IA estreita foi criada por Ray Kurzweil,[147] diferenciando-a da IA forte,[148] mas hoje se prefere compará-la com a IA geral, conceito atribuído a Ben Goertzel e Cassio Penachin.[149]

---

[143] Ibid., p. 417-419.

[144] GOERTZEL, Ben. Artificial general intelligence: concept, state of the art, and future prospects. *Journal of Artificial General Intelligence*, v. 5, 2014. p. 1-3.

[145] PAGE, John et al. The risks of low level narrow artificial intelligence. *2018 IEEE International Conference on Intelligence and Safety for Robotics (ISR)*, 2018. Os autores trazem três riscos principais: mau funcionamento, ataque malicioso e objetivos incompatíveis.

[146] GOERTZEL, Ben. Artificial general intelligence: concept, state of the art, and future prospects. *Journal of Artificial General Intelligence*, v. 5, 2014. p. 2.

[147] KURZWEIL, Ray. *The singularity is near*: when humans transcend biology. Viking, 2005. "We are well into the era of 'narrow AI,' which refers to artificial intelligence that performs a useful and specific function that once required human intelligence to perform, and does so at human levels or better. Often narrow AI systems greatly exceed the speed of humans, as well as provide the ability to manage and consider thousands of variables simultaneously."

[148] GOERTZEL, Ben. Artificial general intelligence: concept, state of the art, and future prospects. *Journal of Artificial General Intelligence*, v. 5, 2014. p. 2.

[149] GOERTZEL, Ben; PENNACHIN, Cassio. Contemporary approaches to artificial general intelligence. *In*: GOERTZEL, Ben; PENNACHIN, Cassio (Ed.). *Artificial general intelligence*. Rockville: Springer, 2007. p. 1-28.

Sob essa lente de análise, é possível explorar o tema do livre-arbítrio, mostrando-se necessário revisitar a teoria clássica.[150] Na visão de John McCarthy, por exemplo, a IA poderia dele dispor de forma semelhante ao ser humano, tanto em sentido externo (que trata de conjunto de resultados que o ser humano poderia alcançar) como em sentido introspectivo (que versa sobre conhecimento daquilo que pode alcançar).[151] Ou seja, trata-se aqui da possibilidade de entender a IA como um agente.[152] Independentemente de se assumir a possibilidade de emprestar livre-arbítrio à IA de modo idêntico ao ser humano, essa discussão pode ser extremamente enriquecedora.

Por sua vez, o *machine learning* – aprendizado de máquina – revela-se essencial para amplificar a autonomia dos sistemas e pode ser definido como a capacidade de aprender a produzir comportamento não explicitamente programado pelo criador do algoritmo. Ou seja, a programação original é uma base para ulterior funcionamento da IA, uma vez que esta possui autonomia para operar de modo próprio.

A IA desfruta, por definição, de inusitada capacidade de transcender o previamente programado. Esse é elemento central que torna os sistemas algorítmicos diferentes de programações tradicionais de computadores.[153] Estas não possuem capacidade de aprendizagem autônoma, isto é, de funcionar por si, ao passo que a IA, desvinculada da programação original, evolui sozinha. Às vezes, aprende a operar consigo mesma, não propriamente com os dados coletados.

---

[150] SOUZA, Draiton Gonzaga de. Feuerbach e a questão do livre-arbítrio: acerca de pressupostos filosóficos do direito penal. *Revista de Estudos Criminais*, v. 50, n. 1, 2013. p. 45-60.

[151] MCCARTHY, John. Free will – even for robots. *Journal of Experimental & Theoretical Artificial Intelligence*, v. 12, Issue 3, 2000. p. 341-342.

[152] CALIENDO, Paulo. *Ética e inteligência artificial*: da possibilidade filosófica de agentes morais artificiais. PUCRS. Disponível em: https://tede2.pucrs.br/tede2/handle/tede/9534.

[153] NUTTER, Patrick W. Machine learning evidence: admissibility and weight. *University of Pennsylvania Journal of Constitutional Law*, v. 21, n. 3, 2019. p. 927-929.

Há múltiplas alternativas de utilizar o *machine learning*, como demonstram Inga Döbel *et al*.[154] Elencam: *regression analysis*;[155] *decision trees*[156] (as árvores de decisão que contêm nódulos que demonstram a probabilidade de ocorrência de determinado evento); *clustering*[157] (agrupamento de dados visando a encontrar padrões em dado conjunto); *Kernel method*[158] (método de Kernel); *artificial neural networks* (as redes artificiais neurais, decisivas para o *deep learning*)[159] e o classificador Naïve Bayes[160] (que poderia ser usado, por exemplo, para identificar *spam* do e-mail). Vale mencionar também a *neurosymbolic AI*, que combina as redes neurais com a explicabilidade por meio de representações simbólicas.[161]

Os progressos do *machine learning* podem ser ilustrados com a evolução do AlphaGo,[162] que derrotou o campeão mundial de Go, em 2016, como frisado no delineamento do percurso histórico da IA. A primeira versão do programa foi alimentada com uma coleção de partidas de jogadores experientes, aprendendo a IA as melhores estratégias, ou seja, aprendendo com os dados previamente fornecidos.

---

[154] DÖBEL, Inga *et al*. *Maschinelles Lernen*: Kompetenzen, Anwendungen und Forschungsbedarf. München: Fraunhofer-Gesellschaft, 2018. p. 29. Disponível em: https://www.bigdata-ai.fraunhofer.de/de/publikationen/ml-studie.html.

[155] Sobre interessante aplicação da *regression analysis* para classificar casos de Covid-19: PIROUZ, Behrouz. Investigating a serious challenge in the sustainable development process: analysis of confirmed cases of COVID-19 (New Type of Coronavirus) through a binary classification using artificial intelligence and regression analysis. *Sustainability*, v. 12, Issue 6, 2020.

[156] DÖBEL, Inga *et al*. *Maschinelles Lernen*: Kompetenzen, Anwendungen und Forschungsbedarf. München: Fraunhofer-Gesellschaft, 2018. p. 30. Disponível em: https://www.bigdata-ai.fraunhofer.de/de/publikationen/ml-studie.html.

[157] *Ibid*., p. 32.

[158] HOFMANN, Thomas *et al*. Kernel methods in machine learning. *The Annals of Statistics*, v. 36, n. 3, 2018. p. 1171–1220.

[159] GREKOUSIS, George. Artificial neural networks and deep learning in urban geography: A systematic review and meta-analysis. *Computers, Environment and Urban Systems*, v. 74, 2019. p. 244.

[160] GUZELLA, Thiago S; CAMINHAS, Walmir M. A review of machine learning approaches to Spam filtering. *Expert Systems with Applications*, v. 36, Issue 7, 2009. p. 10206-10222.

[161] GARCEZ, Artur d'Avila; LAMB, Luis C. Neurosymbolic AI: the 3rd wave. Disponível em: https://arxiv.org/abs/2012.05876.

[162] GOPANI, Avi. A historical tale of DeepMind's games. *Analytics India Magazine*, 1º de janeiro de 2022. Disponível em: https://analyticsindiamag.com/a-historical-tale-of-deepminds-games/.

Com o advento da nova versão, denominada AlphaGo Zero,¹⁶³ não mais foram fornecidas à IA as partidas anteriores para a máquina aprender. Teve que, por si mesma, em processo de tentativa e erro, desenvolver as habilidades, recebendo informações do ambiente por meio de *reinforcement learning*. Assim, aprendeu a jogar sozinha, não havendo experiência preliminar. Na versão mais recente, denominada MuZero¹⁶⁴ (que serve para outros jogos além do Go), o sistema algorítmico sequer conhece as regras, precisando aprendê-las sem qualquer supervisão.

Como destaca Jakob Turner, a IA é a habilidade de entidades não naturais fazerem escolhas por um processo avaliativo.¹⁶⁵ Para o autor, o termo IA é preferível ao de robô, pois este necessitaria de suporte físico. A ideia de artificial seria, nesse enfoque, entidade não natural,¹⁶⁶ enquanto a noção de autonomia significaria que as decisões são autogovernadas (*self-governing*).¹⁶⁷ Já a característica de processo avaliativo significaria que a IA utiliza princípios, e não regras, sendo factível atribuir diferentes "pesos" para tais princípios em situações diversas.¹⁶⁸

A seu turno, Markus Gabriel apresenta o instigante argumento de que, na realidade, a inteligência humana também seria artificial.¹⁶⁹ Esse elemento de artificialidade decorreria da construção histórica e social atravessada pela espécie humana.

---

[163] DE MATOS, Paulo Belchior. AlphaGo Zero: a inteligência artificial da Google já não precisa de humanos para aprender. *Exame Informática*, 19 de outubro de 2017. Disponível em: https://visao.sapo.pt/exameinformatica/noticias-ei/mercados/2017-10-19-alphago-zero-a-inteligencia-artificial-da-google-ja-nao-precisa-de-humanos-para-aprender/.

[164] ANDREI, Mihai. Google's MuZero chess AI reached superhuman performance without even knowing the rules. 8 de outubro de 2021. Disponível em: https://www.zmescience.com/science/googles-muzero-chess-ai-reached-superhuman-performance-without-even-knowing-the-rules/.

[165] TURNER, Jacob. *Robot rules*: regulating artificial intelligence. London: Palgrave Macmillan, 2019. p. 16.

[166] *Ibid.*, p. 16.

[167] *Ibid.*, p. 16-17.

[168] *Ibid.*, p. 17-18.

[169] GABRIEL, Markus. *O sentido do pensar*: a filosofia desafia a inteligência artificial. Petrópolis: Vozes, 2021. p. 328-333.

Assim, conclui provocativamente que a denominada IA consistiria efetivamente em uma IAA, ou seja, uma "inteligência artificial artificial".[170] Tratar-se-ia de uma IA de segundo nível, se entendida como um modelo de pensamento. Sugere, ainda, que o ser humano seria composto por dois aspectos: o animal humano e o retrato do ser humano.[171] O primeiro seria a espécie evolutiva, que permanece há séculos.[172] Já o segundo se refere a um artefato histórico-cultural.[173] É em relação a esse último que – no seu enfoque – adviria o sentido de pensar humano, empregando processo autodescritivo.[174]

Entretanto, a caracterização do ser humano não é objetivo fácil, visto que, como esclarece Draiton Gonzaga de Souza, sua própria concepção é multifacetada. Não apenas é diversa levando em consideração os diferentes ângulos filosóficos e culturais, mas também sob a ótica dos avanços neurocientíficos.[175]

Já para Stuart Russell,[176] a noção de que a IA seria uma máquina inteligente, por alcançar seus objetivos, pode ser altamente prejudicial à própria sobrevivência da espécie humana. Afinal, tais metas não seriam necessariamente fixadas em prol da humanidade, e objetivos destrutivos poderiam não ser filtrados pela máquina. Em sua abordagem, propõe que as máquinas sejam desenvolvidas levando em conta as preferências humanas,[177] e, a não ser assim, caberia à IA, sem resistência, aceitar ser desligada.[178]

---

[170] *Ibid.*, p. 331.
[171] *Ibid.*, p. 331-332.
[172] *Ibid.*, p. 331.
[173] *Ibid.*, p. 332.
[174] *Ibid.*, p. 330, 332.
[175] SOUZA, Draiton Gonzaga de. A questão do ser humano: da imagem de Deus à neuroimagem. *In*: NUNES, Magda Lahorgue; COSTA, Jaderson Costa da; SOUZA, Draiton Gonzaga de (Ed.). *Entendendo o funcionamento do cérebro ao longo da vida*. Porto Alegre: EDIPUCRS, 2021. p. 201-208.
[176] RUSSELL, Stuart. *Inteligência artificial a nosso favor*: como manter o controle sobre a tecnologia. São Paulo: Companhia das Letras, 2021. p. 18-21.
[177] *Ibid.*, p. 166-168.
[178] *Ibid.*, p. 20-21.

Com acerto, a proposta de regulação da IA pela União Europeia parte da premissa de que a IA é *software* desenvolvido para cumprir objetivos definidos pelos seres humanos e gerar *outputs*, como conteúdo, predições, recomendações ou decisões que influenciem ambientes com os quais interage.[179]

Por sua vez, a Resolução do Parlamento Europeu de Recomendações à Comissão sobre disposições de Direito Civil sobre Robótica salienta que o *smart robot*[180] deve dispor de: capacidade de adquirir autonomia por meio de sensores ou troca de dados com o ambiente; capacidade de aprender por experiência e interação; forma de um robô físico e capacidade de adaptar seu comportamento e ações ao ambiente.[181]

Em outra linha, um projeto de lei que tramita no Congresso dos Estados Unidos[182] define a IA de cinco formas: na primeira, como qualquer sistema artificial que cumpra tarefas sob circunstâncias variáveis e imprevisíveis sem significativa supervisão humana, ou que consegue aprender por experiência ou melhorar a *performance* quando exposto à base de dados. Em segundo lugar, pode ser entendida como sistema, em formato de *software* ou *hardware*, que solucione tarefas que requeiram percepção, cognição, planejamento, aprendizado, comunicação ou ação física própria do ser

---

[179] PROPOSAL for a regulation of the european parliament and of the council laying down harmonised rules on artificial intelligence (artificial intelligence act) and amending certain union legislative acts. Disponível em: https://eur-lex.europa.eu/legal-content/EN/TXT/?uri=CELEX%3A52021PC0206. p. 39. "'artificial intelligence system' (AI system) means software that is developed with one or more of the techniques and approaches listed in Annex I and can, for a given set of human-defined objectives, generate outputs such as content, predictions, recommendations, or decisions influencing the environments they interact with;"

[180] EUROPEAN Parliament resolution of 16 February 2017 with recommendations to the Commission on Civil Law Rules on Robotics (2015/2103(INL)) No 59. "- the capacity to acquire autonomy through sensors and/or by exchanging data with its environment (interconnectivity) and the analysis of those data; - the capacity to learn through experience and interaction; - the form of the robot's physical support; - the capacity to adapt its behaviour and actions to the environment."

[181] Para uma ontologia sobre robôs e automação: PRESTES, Edson *et al.* Towards a core ontology for robotics and automation. *Robotics and Autonomous Systems*, v. 61, Issue 11, 2013. p. 1193-1204.

[182] S.1705 – AICT Act of 2021. 117th Congress (2021-2022). *Congress.gov*. Disponível em: https://www.congress.gov/bill/117th-congress/senate-bill/1705/text?r=82&s=1.

humano. Pode, também, ser conceituada como aquele sistema artificial que pensa ou age como o ser humano, inclusive com arquitetura cognitiva e redes neurais. Pode ser entendida, na mesma proposta regulatória, como o conjunto de técnicas, como o *machine learning*, que cumprem uma tarefa cognitiva. Por fim, admite compreendê-la como um sistema programado para agir racionalmente, como um *software* ou um robô que alcance os objetivos de percepção, planejamento, raciocínio, aprendizado, comunicação, prática de decisões e ação.

Já a Resolução nº 332 do CNJ estabelece que um modelo de IA é aquele "conjunto de dados e algoritmos computacionais, concebidos a partir de modelos matemáticos, cujo objetivo é oferecer resultados inteligentes, associados ou comparáveis a determinados aspectos do pensamento, do saber ou da atividade humana".[183]

Tudo considerado, em última instância, extremamente aconselhável assimilar a IA como um sistema algorítmico adaptável, relativamente autônomo, emulatório da decisão humana.[184]

Trata-se de sistema de algoritmos (que desempenham o papel lógico de seguir instruções e resolver problemas) no bojo de um sistema maior, detentor de capacidade de *machine learning* ou aprendizado próprio. A propósito, a noção de algoritmos não é nada recente, já encontrada na Babilônia e no Egito antigo,[185] tendo sido explorada posteriormente, com afinco, por Al-Khwarizmi,[186] que deu origem ao termo. Entretanto, sua aplicação no campo de um sistema de

---

[183] CNJ. Resolução nº 332, de 21 de agosto de 2020. Disponível em: https://atos.cnj.jus.br/atos/detalhar/3429.

[184] Esse conceito foi apresentado em: FREITAS, Juarez; FREITAS, Thomas Bellini. *Direito e inteligência artificial*: em defesa do humano. Belo Horizonte: Editora Fórum, 2020. p. 30.

[185] Ver mais em: CHABERT, Jean-Luc (Ed.). *A history of algorithms*: from the pebble to the microchip. Springer, 1999.

[186] THOMAS, Wolfgang. Algorithms: from Al-Khwarizmi to Turing and beyond. *In*: SOMMARUGA, G.; STRAHM, T. (Ed.). *Turing's revolution*. Cham: Birkhäuser, 2015. p. 30-31; RASHED, Roshdi. *Classical mathematics from al-Khwarizmi to Descartes*. Abingdon: Routledge Taylor & Francis Group, 2015. p. 107-110 e MEHRI, Bahman. From Al-Khwarizmi to Algorithm. *Olympiads in Informatics*, v. 11, 2017. p. 71-72.

exponencial capacidade autônoma de aprendizado é que torna a IA tão geradora de perplexidades jurídicas.

Caracteriza-se como sistema relativamente autônomo, uma vez que a autonomia completa, ao que tudo indica, nunca será alcançável. Sempre haverá, em derradeira instância, um ser humano (mais ou menos) responsável pela criação ou pelo controle do sistema, nem que seja no que concerne ao "impulso inicial" e à fixação de objetivos. Desse modo, invariavelmente encontram-se vestígios de programação humana. Todavia, a IA guarda alguma autonomia em relação àquele programador que, originalmente, foi o responsável pela sua concepção. Essa autonomia longe está de ser diminuta (e tende a alcançar patamares cada vez mais comparáveis à autonomia humana).

Por fim, a IA ostenta a característica de emulação das decisões humanas. A capacidade de emular quer dizer que a capacidade decisória humana está espelhada. Trata-se de reprodução artificial de algo que não é biologicamente evolucionário. Isso implica dizer que, por mais que possa aparentar capacidade de decisão independente do ponto de vista externo, não passa de imitação despida de valor intrínseco.

Em virtude da conceituação esposada, admite-se que a IA apresenta algum traço de inteligência, embora não propriamente humana. Com isso, resolvem-se as principais críticas tecidas ao teste de Turing, no sentido de que uma máquina não poderia dispor de verdadeira inteligência. Claro, a IA não está imbuída de inteligência humana, mas de inteligência (de outro tipo) que simula a do ser humano, de sorte que se mostra plenamente viável que um sistema algorítmico "passe" no clássico teste. Enfim, o conceito adotado é capaz de compatibilizar e harmonizar as duas concepções, ao enunciar que a IA simplesmente "emula" uma decisão (ou a inteligência) humana.

No intuito de entender a autonomia, a intencionalidade e a capacidade decisória da IA, será imprescindível reexaminar o que define intrinsecamente o ser humano e aquilo que é indelegável à máquina.[187] Afinal, como referido, a espécie humana e um sistema algorítmico não se confundem.

A conceituação assumida está subjacente ao longo do livro, apresentando especial relevo ao versar sobre as repercussões jurídicas de aplicação da IA no âmbito da responsabilidade humana, cerne dos próximos capítulos.

---

[187] Sobre o princípio da indelegabilidade da decisão intrinsecamente humana: FREITAS, Juarez; FREITAS, Thomas Bellini. *Direito e inteligência artificial*: em defesa do humano. Belo Horizonte: Editora Fórum, 2020. p. 74-75.

CAPÍTULO 2

IA COMO INSTRUMENTO

Em uma situação real que parece vinda de ficção científica, "cães robóticos" vêm sendo testados na fronteira dos Estados Unidos com a finalidade de evitar fluxo de imigrantes.[188] Explorando esse preocupante exemplo, imagine-se que o ser humano responsável pela guarda da fronteira e comando desses equipamentos robóticos ordenasse a eliminação de quem a cruzasse.

Nesse caso, a IA serviria como instrumento[189] para o cometimento de atos ilícitos, ou seja, a IA seria ferramenta[190] para a realização delituosa. Na hipótese aventada, os "cães robóticos" teriam seguido ordens humanas, de modo que a responsabilização pelo eventual desfecho seria atribuível ao comandante humano que usou a IA como instrumento.

De idêntica forma que um assaltante com uma arma, um homicida com veneno, um estelionatário com moeda falsa, um ladrão com uma chave para arrombar portas ou um *hacker* que invade a privacidade de um usuário, aqui a IA figuraria como mera ferramenta para a consecução de conduta ilícita.

---

[188] HOLMES, Oliver. US tests of robotic patrol dogs on Mexican border prompt outcry. *The Guardian*, 4 de fevereiro de 2022. Disponível em: https://www.theguardian.com/us-news/2022/feb/04/us-tests-of-robotic-patrol-dogs-on-mexican-border-prompt-outcry.
[189] HAYWARD, Keith J.; MAAS, Matthijs M. Artificial intelligence and crime: A primer for criminologists. *Crime, Media, Culture*, 2020. p. 6-8.
[190] LIMA, Dafni. Could AI Agents be held criminally liable: artificial intelligence and the challenges for criminal law. *South Carolina Law Review*, v. 69, n. 3, 2018. p. 690.

No presente capítulo, são expostos, em primeiro plano, os fundamentos jurídicos para essa modalidade de responsabilização humana, bem como seus limites. Em segundo momento, são demonstrados os principais casos em que a IA figura com o caráter instrumental, tendo em mente os sistemas algorítmicos autônomos de guerra e a disseminação de notícias falsas. Ao fim, são referidas hipóteses não abarcadas pelas anteriores.

No caso de sistemas algorítmicos autônomos de guerra, cumpre refletir sobre o conceito, a teoria da responsabilidade do comandante (o ser humano que faz uso da IA) e a conveniência de banir ou de regular a sua utilização. Em relação às notícias falsas, são examinados sobretudo os *deepfakes* e o impacto da disseminação de notícias falsas na crise dos sistemas políticos.

2.1 A instrumentalidade da IA

Quando a IA figura como mero instrumento, não desfruta de autonomia para ser considerada entidade capaz de cometer condutas ilícitas por si só. Em outras palavras, por mais que possua traços de independência – como é característico de toda IA –, não apresenta autonomia de monta suficiente para responder, diretamente, pelo ato ilícito. Ou seja, a autonomia existe, mas não com relevância jurídica.

Gabriel Hallevy denomina essa hipótese de *perpetration-through-another liability*[191] e observa, com acerto, que a IA carece aqui de indício de *mens rea*, ou seja, de culpabilidade. Assim, apesar de a conduta, isto é, o *actus reus*, ter sido praticada pela IA, esta careceria, em sua abordagem, de qualquer espaço decisório algorítmico acerca do praticado.

---

[191] HALLEVY, Gabriel. The criminal liability of artificial intelligence entities – from science fiction to legal social control. *Akron Intellectual Property Journal*, v. 4, n. 2, 2010. p. 179-181.

Nesse enquadramento, a IA seria agente inocente,[192] conforme sua ideia de *Innocent-Agency*,[193] empregada como *longa manus*.[194] É que existiria um agente humano que visa a sua utilização para fins ilícitos. Essa pessoa no controle da IA é que se mostraria responsabilizável ao empregar, de forma deliberada, a IA como meio de consecução de conduta antijurídica.

Hallevy salienta que o perpetrador[195] pode ser tanto o programador – que utiliza a técnica a fim de, intencionalmente, programar a IA para cometer um crime –, como o usuário. Em elucidativa ilustração do autor: uma pessoa que manda um *servant-robot*[196] assaltar uma loja.

Como quer que seja, se um ser humano utilizar uma IA com o intuito de adquirir produtos ilícitos – como drogas e armas na *deep web* –, faz uso indevido dela para alcançar fim antijurídico. Outra ilustração cogitável: um sequestrador poderia *hackear* a IA de carro autônomo, programando-a para levar a vítima a determinado local, trancando as portas para evitar que escapasse. A IA seria, nessa figuração, uma ferramenta, não cabendo imputação de responsabilidade à IA propriamente, mas ao agente humano que dela se vale.

Dentro dessa lógica, a Recomendação sobre a Ética da IA, elaborada pela UNESCO,[197] afirma corretamente que um sistema de IA nunca pode substituir a derradeira responsabilidade e a *accountability* humana. Como regra,

---

[192] PADHY, Ankit Kumar; PADHY, Amit Kumar. Criminal liability of the artificial intelligence entities. *Nirma University Law Journal*, v. 8, 2019. p. 18.

[193] KADISH, Sanford H. Complicity, cause and blame: a study in the interpretation of doctrine. *California Law Review*, v. 73, 1985. p. 369-372.

[194] DOBRINOIU, Maxim. The influence of artificial intelligence on criminal liability. *Lex ET Scientia International Journal*, v. 26, n. 1, 2019. p. 144.

[195] HALLEVY, Gabriel. The criminal liability of artificial intelligence entities – from science fiction to legal social control. *Akron Intellectual Property Journal*, v. 4, n. 2, 2010. p. 179-180.

[196] *Ibid.*, p. 180.

[197] RECOMMENDATION on the Ethics of Artificial Intelligence. *UNESCO*. Disponível em: https://unesdoc.unesco.org/ark:/48223/pf0000380455. p. 8-9. "... as humans can resort to AI systems in decision-making and acting, but an AI system can never replace ultimate human responsibility and accountability. As a rule, life and death decisions should not be ceded to AI systems".

decisões sobre vida ou morte sequer deveriam ser cedidas a sistemas de IA.

Esse modelo de responsabilidade humana, com adaptações, serve tanto para a esfera civil como a penal, visto que pode envolver tanto atos ilícitos civis como crimes. Por exemplo, a IA, como instrumento, pode ser empregada para elaborar um contrato repleto de vícios formais e materiais, bem como pode ser direcionada para cometer crimes graves, como um homicídio. Em ambas as hipóteses, se a pessoa deliberou utilizá-la como instrumento, não pode se esquivar da responsabilidade.

A propósito, Caldwell *et al.* elaboram síntese dos crimes em que a IA pode ser empregada.[198] Inicialmente, citam aqueles com maior potencial lesivo, como a falsificação de vídeo e imagem e a utilização de veículos autônomos como armas, cujo emprego poderia ser perpetrado em ataques terroristas.

Prosseguem mencionando os crimes com potencial lesivo médio,[199] que envolveriam situações como robôs militares, manipulação de dados, ataques com *drones*, engano de sistemas de reconhecimento facial, entre outros. Já entre os da categoria lesiva baixa,[200] encartam ilustrativamente situações de exploração de vieses.[201]

Apesar de os exemplos arrolados serem de valia pedagógica, a escala de potencial danoso apresentada pelos autores está parcialmente equivocada, ao considerarem que os ataques com *drones* seriam de potencial lesivo médio.

---

[198] CALDWELL, M. *et al.* AI-enabled future crime. *Crime Science*, v. 9, n. 14, 2020. Disponível em: https://crimesciencejournal.biomedcentral.com/articles/10.1186/s40163-020-00123-8. p. 6-9.

[199] *Ibid.*, p. 9-10.

[200] *Ibid.*, p. 10-11.

[201] Para debate sobre vieses e IA, em sentido amplo: BOEING, Daniel Henrique Arruda; DA ROSA, Alexandre Morais. *Ensinando um robô a julgar*. Pragmática, discricionariedade, heurísticas e vieses no uso de aprendizado de máquina no judiciário. Florianópolis: Emais Academia, 2020. p. 83-90; e FREITAS, Juarez; FREITAS, Thomas Bellini. *Direito e inteligência artificial*: em defesa do humano. Belo Horizonte: Editora Fórum, 2020. p. 93-98.

Thomas King *et al.*²⁰² também promovem um agrupamento dos principais crimes que podem incluir a IA, como aqueles que fazem o uso da IA em comércio financeiro, ou seja, o emprego da IA para o tráfico de drogas²⁰³ e os crimes contra pessoas, que englobam hipóteses de assédio e tortura.²⁰⁴ Os autores apontam o monitoramento como grande desafio para o emprego da tecnologia.²⁰⁵

Dito isso, na sequência são analisadas duas amostras das principais situações de manejo da IA como instrumento: os sistemas algorítmicos autônomos de guerra e a disseminação de notícias falsas.

2.2 Sistemas algorítmicos autônomos de guerra

Cumpre refletir inicialmente sobre essa problemática utilização da IA como instrumento: trata-se do emprego em guerra ou situações bélicas, operando, por assim dizer, como sistemas algorítmicos autônomos de guerra.

Consoante analistas do setor, a aplicação para essa finalidade pode desencadear a terceira revolução militar²⁰⁶ – após o descobrimento da pólvora e das armas nucleares.²⁰⁷ Haja vista a corrida armamentista das maiores potências bélicas do planeta, os resultados de competição desregulada poderiam representar atentado contra a sobrevivência da humanidade. Stuart Russel, um dos pioneiros na pesquisa de IA, adverte que essa tecnologia pode ser tão perigosa como as bombas atômicas.²⁰⁸

---

[202] KING, Thomas C. Artificial Intelligence crime: an interdisciplinary analysis of foreseeable threats and solutions. *Science and Engineering Ethics*, v. 26, 2020. p. 97-100.
[203] *Ibid.*, p. 100-101.
[204] *Ibid.*, p. 100-103.
[205] *Ibid.*, p. 96.
[206] MCALLISTER, Amanda. Stranger than science fiction: the rise of A.I. Interrogation in the dawn of autonomous robots and the need for an additional protocol to the U.N. Convention Against Torture. *Minnesota Law Review*, v. 101, 2017. p. 2528.
[207] RUSSEL, Stuart. *Inteligência artificial a nosso favor*: como manter controle sobre a tecnologia. São Paulo: Companhia das Letras, 2021. p. 110.
[208] BOHANNON, John. Fears of an AI Pioneer. *Science*. v. 349, Issue 6245, 2015. p. 252.

De fato, a corrida armamentista deixou de ter como foco, em boa medida, as armas nucleares, passando a investir no desenvolvimento da IA para fins militares.[209] À semelhança do que sucedeu no campo das bombas atômicas, torna-se mandatória – e inadiável – a fixação de parâmetros regulatórios que assegurem o controle da matéria.

Longe de incidir no erro de considerar essa possibilidade remota, o aceso debate já acontece e afigura-se crucial: conforme Relatório das Nações Unidas, de março de 2021,[210] um *drone* teria começado a atacar humanos sem qualquer supervisão humana,[211] empregando a tecnologia do reconhecimento facial.[212]

Em 2020, noticiou-se ter havido a morte de cientista ocasionada por um "robô-atirador". O suposto mecanismo de ataque teria sido montado dentro de um carro, operado de modo remoto. Aqui, o diferencial em relação às outras armas operadas à distância teria sido o uso da IA para auxiliar no controle da velocidade do carro, além da direção das balas.[213]

Nessa hipótese, a IA teria auxiliado, tendo função instrumental para o cometimento do ataque. Claro, remanesce a discussão sobre o papel decisivo do ser humano no momento de executar o tiro. Contudo, à medida que a tecnologia evoluir, eventos idênticos tendem a restar cada vez menos dependentes

---

[209] GEIST, Edward Moore. It's already too late to stop the AI arms race-We must manage it instead. *Bulletin of the Atomic Scientists*, v 72, Issue 5, 2016, e O'CONNELL, Mary Ellen. 21st century arms control challenges: drones, cyber weapons, killer robots, and WMDs. *Washington University Global Studies Law Review*, v. 13, n. 3, 2014. p. 515-534.

[210] UN Security Council Report of March 8, 2021 (UN S/2021/229). Disponível em: https://digitallibrary.un.org/record/3905159. p. 17.

[211] GUERRA, Alice *et al*. Liability for robots I: legal challenges. *Journal of Institutional Economics*, 2021. p. 9, e CRAMER, Maria. A.I. Drone may have acted on its own in attacking fighters, U.N. Says. *New York Times*, 3 de Junho de 2021. Disponível em: https://www.nytimes.com/2021/06/03/world/africa/libya-drone.html. Acesso em: 05/01/2022.

[212] MURGIA, Madhumita. AI weapons pose threat to humanity, warns top scientist. *Financial Times*. Londres. 29 de Novembro de 2021. Disponível em: https://www.ft.com/content/03b2c443-b839-4093-a8f0-968987f426f4. Acesso em: 09/01/2022.

[213] BERGMAN, Ronen; FASSIHI, Farnaz. The scientist and the A.I.-assisted, remote-control killing machine. *New York Times*. 18 de setembro de 2021. Disponível em: https://www.nytimes.com/2021/09/18/world/middleeast/iran-nuclear-fakhrizadeh-assassination-israel.html.

da intervenção/supervisão humana. Assim, aquele que faz uso rastreável da IA para atingir fim ilícito, empregando-a como ferramenta, deve sempre figurar como responsável, inclusive em contextos de acentuada autonomia.

2.2.1 Conceito de sistema algorítmico autônomo de guerra

No conceito ora adotado, entende-se que os sistemas algorítmicos autônomos de guerra são aqueles que, embora relativamente autônomos, emulam a capacidade decisória humana a ponto de conseguirem participar da guerra sem a interposição do comando direto humano.

No âmbito internacional, o debate sobre a utilização da IA para equipamentos bélicos ocorre sob o acrônimo *LAWS* (*Lethal Autonomous Weapons Systems*).[214] Também pode ser designado *AWS* (*Autonomous Weapons Systems*), considerando que nem todo sistema autônomo de guerra será, necessariamente, letal.[215]

Para melhor clarificação do tema, mencionem-se outras definições. O Departamento de Defesa americano, por exemplo, identificou os *autonomous weapons systems*[216] como aquelas armas que, uma vez ativadas, conseguem selecionar e engajar alvos sem a necessidade de intervenção do operador humano.

Esses sistemas algorítmicos autônomos de guerra podem ser utilizados em todos os âmbitos bélicos. Atualmente sua utilização é predominante no ar (com o uso de *drones*) e em

---

[214] ROSERT, Elvira; SAUER, Frank. How (not) to stop the killer robots: a comparative analysis of humanitarian disarmament campaign strategies. *Contemporary Security Policy*, v. 42, n. 1, 2021. p. 4.
[215] CROOTOF, Rebecca. The killer robots are here: legal and policy implications. *Cardozo Law Review*, v. 36, n. 5, 2015. p. 1854.
[216] U.S. Dept of Def., Directive n. 3000.09: Autonomy in weapon systems 13-14 (2012). Disponível em: https://www.esd.whs.mil/portals/54/documents/dd/issuances/dodd/300009p.pdf.

terra (veículos terrestres autônomos).²¹⁷ Entretanto, é de se antever o seu uso nas cinco dimensões da guerra (terra, mar, ar, espaço e ciberespaço).²¹⁸

De sua parte, os ataques de *drones*, ou, na nomenclatura mais técnica, os UAVs (*Unmanned Aerial Vehicles*), provocam acalorada discussão em relação à moralidade.²¹⁹ Sem dúvida, os sistemas algorítmicos tornam os *drones* incrivelmente mais perigosos.²²⁰

Peter Asaro²²¹ conceitua essa arma autônoma como um sistema automatizado que consegue iniciar força letal sem a decisão específica, consciente e deliberada do operador, controlador ou supervisor humano.

A história dos *LAWS* passaria por uma evolução tripartite, segundo proposta descritiva de Noel Scharkey.²²² Primeiramente, o humano *in-the-loop*,²²³ ou seja, situação em que o ser humano dispõe de controle sobre as atividades do sistema, sendo auxiliado pelos algoritmos. Depois, a fase de *on-the-loop*,²²⁴ que supõe maior autonomia do sistema algorítmico. A última fase é a do humano *out-of-the-loop*,²²⁵ na qual o ser humano só consegue controlar quando e onde utilizar a tecnologia, mas, no restante, o sistema funcionaria de modo completamente autônomo.

---

[217] ARKIN, Ronald C. *Governing lethal behaviour in autonomous robots*. Boca Raton: Taylor & Francis Group, 2009. p. 10-28.
[218] PRITCHARD, Stephen. UK armed forces confirm cyber as fifth dimension of warfare. *The Daily Swig*, Disponível em: https://portswigger.net/daily-swig/uk-armed-forces-confirm-cyber-as-fifth-dimension-of-warfare.
[219] STÖCKER, Claudia *et al.* Review of the current State of UAV regulations. *Remote Sens*, v. 9, 2017. p. 459.
[220] GONZALEZ, Luis F. *et al.* Unmanned Aerial Vehicles (UAVs) and artificial intelligence revolutionizing wildlife monitoring and conservation, *Sensors*, v. 16, 2016. p. 97.
[221] ASARO, Peter. On banning autonomous weapon systems: human rights, automation, and the dehumanization of lethal decision-making. *International Review of the Red Cross*, v. 94, Issue 886, 2013. p. 694.
[222] SCHARKEY, Noel. Saying 'No!' to lethal autonomous targeting. *Journal of Military Ethics*, v. 9, n. 4, 2010. p. 376-381.
[223] *Ibid.*, p. 377-378.
[224] *Ibid.*, p. 378.
[225] *Ibid.*, p. 379-381.

Outra maneira de enxergar essa evolução é a partir do grau de autonomia. Como aponta Rebecca Crootof, os armamentos sem autonomia inerente seriam reputados inertes, como uma faca ou uma arma de fogo.[226] Já aqueles automatizados possuiriam certo grau de sofisticação para o funcionamento automático, tais como as minas terrestres.[227] Os semiautônomos seriam, na sua abordagem, aqueles que promovem grande auxílio para o ataque, e os completamente autônomos seriam os de autonomia total.[228] Especialmente os dois últimos é que integram o objeto do estudo aqui empreendido.

Aqui aparece a questão do grau de autonomia:[229] ela argumenta que, se aceito que o conceito de um sistema de armas autônomo possui grau de autonomia muito reduzido, incluir-se-ia a IA entre as tecnologias de guerra existentes, banalizando o conceito. Já requerer autonomia muito elevada pode se tornar algo impossível de ser verificado na prática.

Para deixar claro o seu enfoque, a autora propõe como conceito de sistema de armas autônomo aquele sistema que, baseando-se em conclusões derivadas de informação coletada e restrições pré-programadas, é capaz de independentemente selecionar e atingir o alvo.[230] Ou seja, em seu prisma, a diferença entre sistemas autônomos e aqueles automatizados seria que, enquanto os últimos reagem a gatilhos, os primeiros analisariam informações antes de responder.[231]

2.2.2 Responsabilidade do "comandante"

Na hipótese de utilização dos *AWS*, resulta claro que pode haver responsabilidade da pessoa que emite a ordem

---

[226] CROOTOF, Rebecca. The killer robots are here: legal and policy implications. *Cardozo Law Review*, v. 36, n. 5, 2015. p. 1864.
[227] *Ibid.*, p. 1855.
[228] *Ibid.*, p. 1857.
[229] *Ibid.*, p. 1851-1854.
[230] *Ibid.*, p. 1854-1857.
[231] *Ibid.*, p. 1855.

para a IA entrar em atividade ou que permite a operação. Há um personagem que figura como o "comandante". Afinal, a IA funciona como instrumento (extremamente sofisticado e lesivo) para o cometimento, ou não, de crimes de guerra.

Pode, aqui, ser utilizada a teoria da responsabilidade do comando (*command responsibility*)[232] no intuito de atribuir responsabilidade ao ser humano que, efetivamente, dá a ordem para a utilização da letal tecnologia.

Um dos principais casos que alicerçam essa teoria é o *United States v. Yamashita*, que versou sobre a responsabilidade de general japonês durante a segunda guerra mundial.[233] Apesar de alegar que desconhecia as ações dos subordinados que cometeram crimes de guerra, o general foi responsabilizado. Ficou estabelecida a sua responsabilidade pelas ordens diretas e pelos atos que os subordinados praticaram, pois o general poderia ter tido conhecimento, não tendo tomado atitude para preveni-los.

Outro marcante caso é o *High Command Case* ou *United States v. Wilhelm von Leeb*.[234] Julgado no âmbito do Tribunal de Nuremberg, 13 oficiais nazistas do alto escalão foram denunciados. Em que pese uma tentativa de acusação dos ex-oficiais sem a necessidade de culpa, o Tribunal julgou necessário algum envolvimento ou falta de atitude para a responsabilização, em moldes idênticos ao caso anterior.

Restou estabelecida a necessidade de o superior saber ou dever ter sabido das ações dos seus subordinados, mostrando-se nuclear a figura do *knowledge*.[235] É viável realizar uma comparação, inclusive, com a teoria da cegueira deliberada,[236]

---

[232] TOSCANO, Christopher P. Friend of Humans: an argument for developing autonomous weapons systems. *Journal of National Security Law and Policy*, v. 8, n. 1, 2015. p. 235.

[233] *Ibid.*, p. 235.

[234] PARKS, William H. Command responsibility for war crimes. *Military Law Review*, v. 62, 1973. p. 38-58.

[235] WILLIAMSON, Jamie Allan. Some considerations on command responsibility and criminal liability. *International Review of the Red Cross*, v. 90, n. 870, 2008. p. 307.

[236] ROBBINS, Ira P. The ostrich instruction: deliberate ignorance as a criminal mens rea. *Journal of Criminal Law and Criminology*, v. 81, n. 2, 1990. p. 191-234.

de acordo com a qual uma pessoa propositadamente se nega a obter conhecimento de determinados fatos com o fito de se esquivar da responsabilidade. A teoria busca remediar tais situações responsabilizando aquele que tenta se blindar da culpa.

Tais construções teóricas são úteis para tecer a analogia de que aquele comandante que tem como função emitir a ordem para a operação dos sistemas algorítmicos de guerra pode vir a ser responsabilizado se condutas ilícitas forem perpetradas no conflito, por meio da IA.

Como observa Robert Sparrow,[237] a responsabilidade do programador deve ser afastada nesse caso, a não ser que tenha havido negligência por parte dos fabricantes do equipamento (tema objeto do Capítulo 3). Também não deveria ser atribuída responsabilidade para a própria máquina,[238] pois seria implausível responsabilizar uma IA por crimes de guerra.

Traçando um paralelo, Sparrow realiza a analogia da IA utilizada em guerra com a figura da criança-soldado,[239] ou seja, aquele menor de idade empregado no combate armado. Por mais que disponha de elevada autonomia (embora não como a de um adulto), carece de entendimento moral pleno de suas ações, não podendo ser responsabilizado. Os verdadeiros responsáveis são aqueles que impelem a criança a participar da guerra. O autor então aventa a possibilidade de dizer o mesmo em relação à IA:[240] nessa perspectiva, por mais que disponha de elevado grau de autonomia, careceria de capacidade de imputação. Em outros termos, só os ordenadores que dela fazem uso indevido poderiam ser responsabilizados.

Micheal Schmitt e Jeffrey Thurnher[241] argumentam que os sistemas de guerra autônomos sempre terão, em última

---

[237] SPARROW, Robert. Killer robots. *Journal of Applied Philosophy*, v. 24, n. 1, 2007. p. 69-71.
[238] Ibid., p. 71.
[239] Ibid., p. 73-74.
[240] Ibid., p. 73-74.
[241] SCHMITT, Michael N.; THURNHER, Jeffrey S. "Out of the Loop": Autonomous weapon systems and LOAC. *Harvard National Security Journal*, v. 4, 2013. p. 280.

análise, quem decide quando e onde utilizá-los, além de fixar os parâmetros a serem seguidos. Nessa linha, não faria sentido afirmar que os seres humanos restam completamente *out of the loop*, ou seja, fora do poder de comando da IA.[242] Permaneceriam com o controle da situação, e, por isso, os AWS deveriam ser entendidos, como se preconiza aqui, de maneira instrumental.

2.2.3 Necessidade de regular os sistemas algorítmicos de guerra

Existe um forte movimento que preconiza até o banimento dos sistemas de armas automatizados (como pode ser ilustrado pela *Campaign to Stop Killer Robots*),[243] posição que, embora bem intencionada, talvez não seja realista.[244] Nada obstante, os malefícios da utilização da tecnologia se mostram potencialmente maiores, em dados contextos, do que os "benefícios" de sua aplicação, tornando-se imperativo, em tais circunstâncias, posicionar a dignidade humana com a merecida prioridade.[245]

Em vez do improvável banimento, uma regulação adequada precisa evitar a disseminação acrítica dessas tecnologias. São improteláveis novos acordos internacionais, visto que os atuais se revelam frágeis e lacunosos. Tanto as Convenções de Haia como as de Genebra se encontram defasadas para disciplinar a aplicação da nova tecnologia, apesar de meritórios princípios, ao lado dos princípios costumeiros de direito internacional humanitário.[246]

---

[242] *Ibid.*, p. 268, 280.

[243] Ver sobre a *Campaign to Stop Killer Robots* em: https://www.stopkillerrobots.org/blog/.

[244] Ver mais sobre a discussão em: NOONE, Gregory P.; NOONE, Diana C. The debate over autonomous weapons systems. Case Western Reserve Journal of International Law, v. 47, n. 1, 2015. p. 25-36, e SCHARKEY, Amanda. Autonomous weapons systems, killer robots and human dignity. *Ethics and Information Technology*, v. 21, 2019. p. 75-87.

[245] ROSERT, Elvira; SAUER, Frank. Prohibiting autonomous weapons: put human dignity first. *Global Policy*, v. 10, Issue 3, 2019. p. 370-375.

[246] Para acessar compilação: https://ihl-databases.icrc.org/customary-ihl/eng/docs/v1_rul.

Verdade que Stuart Russel alerta que a razão mais persuasiva para a rejeição dos *AWS* seria que consistem em armas escaláveis de destruição em massa.[247] Sua ideia de ser "escalável" é advinda da ciência da computação e significa que o processo poderia ser multiplicado um milhão de vezes, utilizando um milhão de vezes mais *hardware*. Em outras palavras, milhões de mortes humanas poderiam ser causadas com a utilização da tecnologia.

Ponderam Rosert e Sauer[248] que o argumento para a proibição dessas tecnologias seria ético, e não somente jurídico. A delegação de decisão de vida ou morte numa zona de guerra simplesmente não poderia ser atribuída à máquina.

Como quer que seja, a utilização (indiscriminada) de sistemas algorítmicos de guerra coloca em xeque princípios básicos de direito internacional que regem a guerra.[249] O primeiro aludido é o princípio da distinção,[250] ou seja, a diferenciação de civis e combatentes. Por igual, cabe referir o critério de proporcionalidade,[251] que propugna que os ataques não causem perda de vidas civis. Em terceiro lugar, o princípio da precaução[252] enuncia que devem ser tomadas medidas antes e durante o conflito a fim de diminuir os danos. Por derradeiro, o princípio da necessidade militar[253] estipula que a guerra deve envolver apenas as parcelas militares dos países.

Conforme Noel Scharkey,[254] a utilização de *AWS* provocaria desengajamento moral. Devido à distância do ser

---

[247] RUSSEL, Stuart. *Inteligência artificial a nosso favor*: como manter controle sobre a tecnologia. São Paulo: Companhia das Letras, 2021. p. 111-112.
[248] ROSERT, Elvira; SAUER, Frank. How (not) to stop the killer robots: A comparative analysis of humanitarian disarmament campaign strategies. *Contemporary Security Policy*, v. 42, n. 1, 2021. p. 21-23.
[249] KHAN, Asif *et al*. Killer robots and their compliance with the principles of law of war. *Journal of Law and Society (University of Peshawar)*, v. 50, n. 75, 2019. p. 55-72.
[250] *Ibid.*, p. 61-62.
[251] *Ibid.*, p. 62-64.
[252] *Ibid.*, p. 64-65.
[253] *Ibid.*, p. 65.
[254] SCHARKEY, Noel. Saying 'No!' to lethal autonomous targeting. *Journal of Military Ethics*, v. 9, n. 4, 2010. p. 371-372.

humano com o alvo, tanto em sentido literal como psicológico, haveria propensão para resultados desumanos no campo de batalha. Argumenta que a perda do medo na zona de guerra acarretaria melhor eficácia no ataque e diminuiria a resistência de matar, porque, não estando presencialmente no local, a repulsão de fazê-lo seria afastada.[255]

De certo modo, teme-se que venha a ser uma experiência comparável a jogar um *game* eletrônico. Relatos de guerra mostram que a crescente automação, cada vez mais, dissipa a sensação de repulsa ao matar alguém.[256] De qualquer forma, aquele que "aperta o botão", ou, no caso dos *AWS*, que dá a ordem para o sistema algorítmico funcionar, pode ser responsabilizado, se cometer infrações de guerra.

A organização *Humans Rights Watch* vai ao ponto de preconizar o banimento,[257] propondo a utilização da *Martens Clause*[258] para esse resultado. Essa cláusula estabelece que, na falta de regra de direito internacional relativa à guerra, deve haver a proteção de civis e combatentes.[259] As IAs seriam vistas, nesse enfoque, como fator prejudicial à humanidade e contrário à consciência pública.

Por mais que se mostre tentativa louvável, essa ideia dificilmente teria efetividade prática.[260] Afinal, como gerar consenso de que sistemas algorítmicos de guerra seriam maléficos, uma vez que existem aqueles que os enxergam com certo grau de otimismo?

---

[255] *Ibid.*, p. 371.
[256] ROYAKKERS, Lambèr; VAN EST, Rinie. The cubicle warrior: the marionette of digitalized warfare. *Ethics and Information Technology*, v. 12, 2010. p. 292.
[257] Losing humanity the case against killer robots. *Human Rights Watch*, 19 de novembro de 2012. Disponível em: https://www.hrw.org/report/2012/11/19/losing-humanity/case-against-killer-robots.
[258] Heed the call a moral and legal imperative to ban killer robots. *Human Rights Watch*, 21 de agosto de 2018. Disponível em: https://www.hrw.org/report/2018/08/21/heed-call/moral-and-legal-imperative-ban-killer-robots.
[259] HICKLETON, Marcus. Shaky foundations: killer robots and the martens clause. *Perth International Law Journal*, v. 4, 2019. p. 32.
[260] *Ibid.*, p. 54-57.

Outro problema reside na inexistência de acordo que vincule todos os países.[261] Tal solução dirimiria as dúvidas sobre a aplicação de proibição em relação aos *LAWS*. No entanto é de muito improvável adoção. Portanto, novo tratado internacional se mostra absolutamente conveniente para regular a IA, em vez de apostar no improvável banimento. É crucial que a sociedade acorde para esse desafio.[262] É claro, não será tarefa fácil, devido à pressão competitiva de Estados rivais pela hegemonia militar.[263]

Rebecca Crootof expõe as qualidades de uma boa regulação de armas.[264] Para ilustrar, sugere que tal regulação deveria proibir aqueles armamentos que causem dano supérfluo e sofrimento desnecessário, refutar sistemas de guerra que provoquem danos indiscriminadamente, banir armas que não sejam efetivas para seus fins, restringir o seu emprego se houver outro meio militar. Em alguns casos, argumenta que poderia haver inspiração em tratado bem-sucedido de proibição de armamentos[265] de *lasers* que causam cegueira permanente.[266]

É claro que as regras de direito internacional relativas à guerra poderiam ser adaptadas via interpretação, no intuito de recepcionar essa nova tecnologia. Todavia, como observa Crootof,[267] seria a perda de uma chance importante, visto que os sistemas algorítmicos de guerra dispõem de características

---

[261] ETTINGER, Jay. Overcoming international inertia: the creation of war manual for lethal autonomous weapons systems. *Minnesota Journal of International Law*, v. 30, n. 1, 2020. p. 167-171.
[262] HARRIS, Shane. Autonomous weapons and international humanitarian law or killer robots are here: get used to it. *Temple International & Comparative Law Journal*, v. 30, n. 1, 2016. p. 77-84.
[263] ETTINGER, Jay. Overcoming international inertia: the creation of war manual for lethal autonomous weapons systems. *Minnesota Journal of International Law*, v. 30, n. 1, 2020. p. 174.
[264] CROOTOF, Rebecca. The killer robots are here: legal and policy implications. *Cardozo Law Review*, v. 36, n. 5, 2015. p. 1884-1890.
[265] *Ibid.*, p. 1915.
[266] CARNAHAN, Burrus M.; ROBERTSON, Marjorie. The protocol on "Blinding laser weapons": A new direction for international humanitarian law. *American Journal of International Law*, v. 90, Issue 3, 1996. p. 484-490.
[267] CROOTOF, Rebecca. The killer robots are here: legal and policy implications. *Cardozo Law Review*, v. 36, n. 5, 2015. p. 1894-1896.

únicas, em face das quais as regras ora existentes não parecem aplicáveis de modo satisfatório.

Por sua vez, Christopher Toscano expõe opinião diversa ao sustentar que o desenvolvimento de armas autônomas seria benéfico para a sociedade como um todo, rejeitando a proposta de bani-las.[268] Pondera que, se forem seguidos os princípios de necessidade militar, distinção entre alvos militares e civis, proporcionalidade e realização de precauções, a utilização de IA em sistemas de guerra seria benéfica.[269] Defende que os *AWS* conseguiriam, inclusive, se conformar ao direito internacional humanitário mais efetivamente do que os humanos.[270]

Primeiro, acredita que os sistemas autônomos permaneceriam objetivos durante o confronto, sem a presença de emoções. Para o autor, isso seria benéfico, à diferença do que se imagina, pois a presença de medo, por exemplo, acarreta resultados indesejáveis no campo de batalha.[271] Em segundo lugar, menciona que os *AWS* poderiam agir com maior cautela, não havendo o instinto de autopreservação humana.[272] Em terceiro lugar, afirma que a tecnologia excederia as capacidades humanas, o que facilitaria o combate.[273] Ademais, argumenta que o uso dos sistemas algorítmicos em guerra contribuiria para facilitar a responsabilização.[274] Por último, defende que a IA teria melhor *performance* no tocante às normas de cavalheirismo.[275] Em síntese, para tratar de armas autônomas, o autor defende a adaptação das regras atuais de direito internacional que dizem respeito à guerra.

Talvez a solução intermediária seja a mais adequada e viável: a regulação, em vez de demasiado otimismo, reconhece

---

[268] TOSCANO, Christopher P. Friend of humans: an argument for developing autonomous weapons systems. *Journal of National Security Law and Policy*, v. 8, n. 1, 2015. p. 189-246.
[269] *Ibid.*, p. 209-213.
[270] *Ibid.*, p. 224-225.
[271] *Ibid.*, p. 225-229.
[272] *Ibid.*, p. 229-231.
[273] *Ibid.*, p. 231-235.
[274] *Ibid.*, p. 235-239.
[275] *Ibid.*, p. 239-242.

que as autoridades de todos os países precisam amoldar essa nova tecnologia às regras e que, à conta disso, o seu uso deve ser norteado pelos mais elevados princípios. Basta ver as atrocidades de guerra nos últimos 100 anos para perceber que quando o ser humano dispõe de aparato bélico, pode empregá-lo para colocar o adversário em desvantagem, mesmo que para isso, em situações-limite, afronte princípios.

Também não parece inteiramente correta a posição de Thomas Simmons,[276] ao preconizar que a utilização de *LAWS* seria benéfica no desiderato de reduzir o transtorno de estresse pós-traumático vivenciado por soldados (humanos) após participarem de um conflito bélico. A sua visão não leva em devida consideração o potencial prejuízo contra os atacados por sistemas equipados com IA.

Qualquer aspecto positivo de evitar que um ser humano participe de conflito corre o risco de ser nulificado pelas implicações devastadoras e exponenciais que o uso de algoritmos pode trazer, sobretudo se cair em mãos terroristas, por exemplo. Os sistemas algorítmicos autônomos de guerra não são uma tecnologia que dispense rigorosa intervenção regulatória internacional.

À vista dessas argumentações, razoável ponderar que, embora tais sistemas algorítmicos autônomos de guerra não devem ocupar um lugar em mundo ideal, o melhor a fazer é cuidar de sua justa regulação. Afinal, as superpotências bélicas mundiais gastam enormes quantias em pesquisas para o emprego da IA para fins militares e dificilmente renunciariam, tão cedo, a isso. De maneira realista, a situação guarda similitude com a das armas nucleares: a despeito de acordos para evitar a proliferação, nenhuma potência quis abrir mão delas na integralidade.[277]

---

[276] SIMMONS, Thomas E. Killer robots; an apologia. *Wake Forest Law Review Online*, v. 6, 2016. p. 15-23.

[277] The failed effort to ban the ultimate weapon of mass destruction. *The Conversation*. 8 de junho de 2015. Disponível em: https://theconversation.com/the-failed-effort-to-ban-the-ultimate-weapon-of-mass-destruction-42722.

Então, como se afigura improvável o banimento total, torna-se imprescindível, desde logo, uma séria adaptação das regras de direito internacional humanitário.[278] Merece ser elaborada uma regulação prudencial que torne essa tecnologia controlável e o mais restrita possível. Caso empregada em desrespeito aos princípios básicos, precisa haver expedientes internacionais eficazes de responsabilização.

Assim, para evitar que se crie "singularidade jurídica",[279] em que os *AWS* restariam numa zona legal cinzenta, afigura-se improtelável uma regulação de ordem a estabelecer *standards* de operação desses sistemas. Em última análise, resta evidente a premência de implementar novo marco regulatório para disciplinar os sistemas algorítmicos autônomos de guerra. Da mesma forma que as armas nucleares, está-se diante de tecnologia que, se manejada irresponsavelmente, pode implicar até o fim da espécie humana.

2.3 A utilização da IA para disseminação de notícias falsas

A utilização da IA para produção e propagação de *fake news* pode ser implementada, primeiramente, ao contribuir para a "criação" de notícias completamente inverídicas, inclusive com uso de *deepfakes*. Em segundo lugar, pode facilitar e propulsionar a disseminação de informações falsas. Ambas as situações implicam grave risco para os sistemas políticos e para os direitos humanos.

As *fake news* são, na realidade, um problema muito antigo. Um exemplo conhecido merece evocação: quando Marco Aurélio era imperador de Roma, surgiu um boato de que teria morrido.[280] Apesar de totalmente falso, a notícia

---

[278] ANDERSON, Kenneth *et al*. Adapting the law of armed conflict to autonomous weapon systems. *International Law Studies*, v. 90, 2014.

[279] KASTAN, Benjamin. Autonomous weapons systems: a coming legal singularity. *University of Illinois Journal of Law, Technology & Policy*, v. 45, n. 1, 2013. p. 47, 78-81.

[280] STANTON, G. R. Marcus Aurelius, emperor and philosopher. *Historia: Zeitschrift für Alte Geschichte*. Bd. 18, H. 5, 1969. p. 581.

circulou por todo o território do império, induzindo a engano até mesmo sua esposa, Faustina.[281] Essa notícia falsa fez com que Avídio Cássio se proclamasse imperador, tendo, de fato, exercido domínio sobre o Egito e Síria durante breve período. O resultado desse imbróglio não foi positivo, tendo sido sua cabeça levada para o (vivo) imperador Marco Aurélio, que se recusou a vê-la.

Tal ilustração histórica evidencia como notícias falsas podem causar graves impactos. Acrescente-se que a propagação de falsidades, sobretudo quando conjugadas, pela internet, ao incitamento ao ódio, podem acarretar impactos trágicos de enorme magnitude, como se noticia ter ocorrido no atentado contra minoria em Myanmar, por exemplo. Em outras palavras, o ponto é que a IA, mormente quando aliada à rede, pode multiplicar os efeitos perversos e devastadores em escala inimaginável, inventando falsidades sem qualquer fundamento e auxiliando sua nociva distribuição de modo extremamente veloz, como salientado nos tópicos seguintes.

2.3.1 Os *deepfakes* e a "invenção de fatos"

Alarmante emprego instrumental da IA em relação à disseminação de notícias falsas concerne aos *deepfakes*, que imitam tanto em áudio como em vídeo[282] o comportamento humano. É tecnicamente viável, por exemplo, manipular uma figura pública, atribuindo-lhe palavras insidiosas, com estragos devastadores. Tal possibilidade deriva de atributo do *machine learning*: a IA logra, após analisar fotos e áudios, imitar o ser humano de modo realístico.

Por essa razão, a IA tende a dissociar a realidade de qualquer valor de verdade, criando fatos completamente inverídicos. É responsável, pois, pela "invenção de fatos", ao

---

[281] BIRLEY, Anthony R. *Marcus Aurelius*. A biography. New York: Routledge, 2001. p. 184.
[282] MARAS, Marie-Helen; ALEXANDROU, Alex. Determining authenticity of video evidence in the age of artificial intelligence and in the wake of Deepfake videos. *The International Journal of Evidence & Proof*, v. 23, n. 3. p. 255-262.

elaborar discurso alheio à realidade baseando-se integralmente em fabulações.

Para advertir o público dos perigos de *deepfakes*, a emissora *Channel 4* elaborou vídeo recriando o tradicional discurso de Natal da rainha Elizabeth II do Reino Unido. Se uma pessoa assistir ao pronunciamento de maneira desavisada, é bem provável que confunda o vídeo falso com o verdadeiro.[283] Em outra filmagem, inventa-se ex-presidente americano proferindo frases.[284] Pode-se assistir, ainda, ao presidente russo realizando (falso) discurso de ano-novo em italiano.[285]

Com efeito, as *fake news* podem ser propagadas com a imitação quase perfeita de pessoas, inseridas em contextos inteiramente deturpados. Para ilustrar o extremo risco, hoje é possível criar *deepfake* de pessoa praticando atos sexuais, até com relativa facilidade.[286] Em situação impressionante, uma IA foi utilizada para imitar a voz de um CEO solicitando dinheiro, o que teria resultado na transferência de milhares de dólares.[287]

Um perigo iminente, que pode afetar a vida de todos, é o da síntese de voz por intermédio da IA.[288] Cada vez mais a voz se encontra no ambiente *online*, o que facilita o "furto" de qualidades vocais singularíssimas. Até agora, não se mostra possível imitar perfeitamente uma pessoa, porém a IA produz resultados enganadores. Somando-se à dependência coletiva de compras e transferências bancárias no formato *online*, essa prática ilícita pode verdadeiramente provocar instabilidade global. A potencialidade de forjar a identidade de alguém,

---

[283] Channel 4. Deepfake queen: the making of our 2020 christmas message. *Youtube*, 25 de dezembro de 2020. Disponível em: https://www.youtube.com/watch?v=alc6R_UfPkc.

[284] BuzzFeedVideo. You won't believe what Obama says in this video! *Youtube*, 17 de abril de 2018. Disponível em: https://www.youtube.com/watch?v=cQ54GDm1eL0.

[285] Вечерний Ургант. CIAO, 2021! Полная версия. *Youtube*, 1º de janeiro de 2022. https://www.youtube.com/watch?v=RyMgs0DXZrY.

[286] HARRIS, Douglas. Deepfakes: false pornography is here and the law cannot protect you. *Duke Law & Technology Review*, v. 17, 2018-2019. p. 99-128.

[287] STUPP, Catherine. Fraudsters used AI to mimic CEO's voice in unusual cybercrime case. *Wall Street Journal*, 30 de agosto de 2019. Disponível em: https://www.wsj.com/articles/fraudsters-use-ai-to-mimic-ceos-voice-in-unusual-cybercrime-case-11567157402.

[288] BENDEL, Oliver. The synthetization of human voices. *AI & SOCIETY*, v. 34, 2019. p. 83-89.

"furtando" a voz, o rosto, as impressões digitais etc., com o auxílio da IA, é realmente ameaçadora.[289]

À vista disso, a União Europeia, em proposta concernente à regulação da IA, quer que o desenvolvimento e a utilização de *deepfakes* sejam acompanhados de transparência.[290] Ou seja, precisa haver o aviso de que o conteúdo foi gerado ou manipulado artificialmente quando alguém se deparar com *deepfakes*. Em abordagem semelhante, a China propôs lei específica a fim de regular seu uso.[291]

2.3.2 O uso da IA para disseminar notícias falsas e o risco aos sistemas políticos

Como assinalado, a utilização da IA para facilitar a disseminação de notícias falsas é risco de monta. Não apenas tem o condão de acarretar prejuízos à imagem de uma pessoa, como pode até influenciar incisivamente as eleições. As *fake news* não somente corroem as bases de *fair play* democrático, como representam risco de danos à credibilidade das regras do jogo.

De fato, existe o risco de a IA servir como instrumento problemático em processos eleitorais. Em evento relativamente recente, noticiou-se que determinada empresa[292] teria tido acesso a milhões de contas da rede, e, com isso, extraído dados sensíveis que indicariam a posição política do usuário (por exemplo, mediante análise de curtidas), supostamente tendo

---

[289] KING, Thomas C. Artificial intelligence crime: an interdisciplinary analysis of foreseeable threats and solutions. *Science and Engineering Ethics*, v. 26, 2020. p. 105.

[290] PROPOSAL for a regulation of the european parliament and of the council laying down harmonised rules on artificial intelligence (artificial intelligence act) and amending certain union legislative acts. Disponível em: https://eur-lex.europa.eu/legal-content/EN/TXT/?uri=CELEX%3A52021PC0206. p. 69.

[291] HEIKKILÄ, Melissa. AI: decoded: China's deepfake law – synthetic data – selling sensitive data for profit. *Politico*, 2 de fevereiro de 2022. Disponível em: https://www.politico.eu/newsletter/ai-decoded/chinas-deepfake-law-synthetic-data-selling-sensitive-data-for-profit-2/.

[292] ISAAK, Jim; HANNA, Mina J. User data privacy: Facebook, Cambridge Analytica, and privacy protection. *Computer*, v. 51, n. 8, 2018. p. 56-59.

fornecido dados para influência direcionada a eleitores.[293] Em 2019, a *Federal Trade Comission* aplicou multa de cinco bilhões de dólares a determinada empresa devido à suposta utilização indevida de dados particulares dos usuários.[294]

Como Brkan Maja[295] explica, o *micro-targeting* envolve anúncios e propagandas políticas que miram o eleitor de modo individualizado. Vale dizer, diferentes tipos de eleitores poderiam receber propagandas com mensagens diversificadas. A par disso, a autora destaca outros fatores de ameaça à democracia, como *social bots*, os mencionados *deepfakes* e os algoritmos que aconselham escolhas eleitorais.

Mais: o mau uso da IA pode representar séria ameaça para a civilização e suas conquistas humanitárias. Como afirmam Kaplan e Manheim, as campanhas políticas que utilizam algoritmos para alterar a opinião pública consistiriam em modo de *"hackear* a mente".[296] Alegam que a manipulação poderia empregar algoritmos para a formação de perfis psicológicos[297] dos usuários de rede social, elaborando uma propaganda política específica.

Numa situação mais problemática, a disseminação de notícias falsas teria acarretado violência contra a minoria Rohingya, em Myanmar.[298] O fenômeno trágico aponta o risco de falsidades nas redes sociais. Até 2012, aquele país tinha uma

---

[293] GRANVILLE, Kevin. Facebook and Cambridge Analytica: what you need to know as fallout widens. *New York Times*, 19 de março de 2018. Disponível em: https://www.nytimes.com/2018/03/19/technology/facebook-cambridge-analytica-explained.html.

[294] NUÑEZ, Michael. FTC slaps Facebook with $5 billion fine, forces new privacy controls. *Forbes*, 24 de julho de 2019. Disponível em: https://www.forbes.com/sites/mnunez/2019/07/24/ftcs-unprecedented-slap-fines-facebook-5-billion-forces-new-privacy-controls/#3aa2906f5668.

[295] BRKAN, Maja. Artificial intelligence and democracy: the impact of disinformation, social bots and political targeting. *Delphi – Interdisciplinary Review of Emerging Technologies*, v. 2, 2019. p. 66-71.

[296] MANHEIM, Karl; KAPLAN, Lyric. Artificial intelligence: risks to privacy and democracy. *Yale Journal of Law and Technology*, 21, 2019. p. 137-144.

[297] *Ibid.* p. 139.

[298] GUZMAN, Chad de. Meta's Facebook algorithms 'proactively' promoted violence against the Rohingya, New Amnesty International Report Asserts. *TIME*, 28 de setembro de 2022. Disponível em: https://time.com/6217730/myanmar-meta-rohingya-facebook/.

ínfima parcela da população (1,1%) conectada à internet.[299] Quando, em 2014, o governo começou a liberar o uso da rede para grande parcela da população, determinada plataforma se tornou o principal provedor de notícias daquele país. A consequência indesejada teria sido a disseminação de notícias falsas convocando ataque à minoria, comandado por grupos extremistas, gerando conflitos entre etnias. Resultado: mais de 25 mil mortos e 700 mil pessoas da minoria Rohingya fugiram para Bangladesh.[300] No final de 2021, essa minoria[301] entrou com ação para responsabilizar a plataforma por crime que teria ocorrido em Myanmar. Mesmo que não haja deferimento da pretensão, tais eventos ressaltam que importa às próprias plataformas evitarem riscos jurídicos, impedindo, ao máximo, a propagação de *fake news*.

Por sua vez, os *social bots* podem servir para cometimento de assédio.[302] Com essa via, resulta muito fácil manchar a reputação de alguém com a ajuda de sistemas algorítmicos que disseminam falsidades. Por meio de boa regulação, precisa haver controle eficaz, robusto e preventivo para coibir a geração e o impulsionamento de *fake news*.

As redes sociais podem desempenhar significativo papel em relação às informações que chegam ao usuário, não sendo exagero dizer que a notícia procura o leitor, e não vice-versa. Os algoritmos desempenham potencial função manipulatória nesse processo de oferecer a notícia "ideal" para cada leitor, com os riscos inerentes.

---

[299] YUE, Neriah. The "Weaponization" of Facebook in Myanmar: A case for corporate criminal liability. *Hastings Law Journal*, v. 71, n. 3, 2020. p. 832-834.
[300] ELLIS-PETERSEN, Hannah. Myanmar's military accused of genocide in damning UN report. *The Guardian*. 27 de agosto de 2018. Disponível em: https://www.theguardian.com/world/2018/aug/27/myanmars-military-accused-of-genocide-by-damning-un-report.
[301] Rohingya sue Facebook for £150bn over Myanmar genocide. *The Guardian*. 6 de dezembro de 2021. Disponível em: https://www.theguardian.com/technology/2021/dec/06/rohingya-sue-facebook-myanmar-genocide-us-uk-legal-action-social-media-violence.
[302] KING, Thomas C. Artificial intelligence crime: an interdisciplinary analysis of foreseeable threats and solutions. *Science and Engineering Ethics*, v. 26, 2020. p. 101.

Por certo, o grande desafio atinente à responsabilização de propagadores de notícias falsas diz respeito à fixação de critérios e parâmetros identificadores do que consiste a "verdade" e a "falsidade". Muitas vezes essa tarefa não se mostra nada fácil, visto que a diversidade de opiniões acarreta, não raro, interpretações radicalmente distintas. O cerne da dificuldade reside em fixar quem será o responsável por estipular o que é notícia falsa. Em outras palavras, quem seria o agente que checaria e determinaria aquilo que se reputam *fake news*, sem confundi-las com meras divergências de opinião? Por esse motivo, a responsabilização pela propagação de notícias falsas tem que ser efetuada com extremo cuidado, no objetivo de evitar a censura da liberdade de expressão.

Naturalmente, há casos em que a responsabilização se impõe (por exemplo, uma montagem claramente inverídica de agente público falando supostas impropriedades), mas sempre se deve nutrir a cautela de não cercear desproporcionalmente a circulação de ideias. Em resumo, a responsabilização pelo uso indevido da IA só deve ser aplicada naquelas hipóteses em que a falsidade restar cristalina e convincentemente verificada e apurada.

Sublinhe-se que a disseminação de notícias falsas propulsionadas pela IA, agravada pela utilização de *deepfakes*, contribui para o aumento de riscos à democracia. É indubitável que configura ameaça existencial aos princípios democráticos, porquanto pode afrontá-los exponencialmente.

No tópico das *fake news*, merece ser explorado o tema da pós-verdade (*post-truth*),[303] expressão que ganhou curso à vista de posições políticas que enxergam a verdade como obstáculo a ser ultrapassado.[304]

---

[303] WAISBORD, Silvio. Truth is what happens to news: on journalism, fake news, and post-truth. *Journalism Studies*, v. 19, Issue 13, 2018. p. 1866-1878.

[304] FARKAS, Johan; SCHOU, Jannick. *Post-truth, fake news and democracy*: mapping the politics of falsehood. New York: Routledge, 2020.

Nesse passo, convém recordar Hannah Arendt, como propõe Federica Merenda.[305] Mesmo não tendo vivenciado a intensidade atual das *fake news* no ambiente social, Arendt já identificava o efeito de mentiras no espectro político, citando o fenômeno da desconexão dos discursos com os fatos.[306]

O filósofo árabe Al-Farabi,[307] a seu turno, precisa ser evocado por defender a existência de uma verdadeira realidade ao construir a teoria da "cidade virtuosa". Seria aquela cidade (que hoje se chamaria de Estado) que almeja estabelecer a felicidade entre seus habitantes. A felicidade seria bem absoluto, sendo função do governante estabelecê-la, ao mesmo tempo que precisa erradicar os males.[308] Caso esse modelo virtuoso não fosse alcançado, o resultado seria a cidade não virtuosa, como as cidades imorais ou de erro. Nessas circunstâncias, as pessoas creem que estão buscando a verdadeira felicidade, mas não passa de engano.[309]

A propósito,[310] salientava o perigo daqueles que não conseguem compreender a verdadeira realidade, falseando-a, e, para piorar, imputando a culpa àqueles que estão de acordo com a verdade. O filósofo rejeitava a ideia de que a verdade seria aquilo evidente para cada um, ou aquilo em que cada um crê. Parece que essa verdade (que existe) é a que está sendo alvo de *fake news*, criando-se fatos alternativos[311] no intuito de falsear a realidade.

---

[305] MERENDA, Federica. Reading Arendt to rethink truth, science, and politics in the era of fake news. *In*: GIUSTI, Serena; PIRAS, Elisa (Ed.). *Democracy and fake news*. Information manipulation and post-truth politics. Oxford: Routledge, 2021. p. 19-29.

[306] ARENDT, Hannah. *Crisis of the Republic*. Lying in politics: reflections of the pentagon PAPERS. A Harvest Book, 1972. p. 6-7, 20.

[307] Al-Farabi é considerado o "Segundo Professor" na tradição islâmica, após Aristóteles.

[308] AL-FARABI, Abū Naṣr. De los princípios de los seres. *In*: *Obras filosóficas e políticas*. Editorial Trotta – Liberty Fund, 2008. p. 94-109.

[309] *Ibid.*, p. 127.

[310] *Ibid.*, p. 129-130.

[311] BARRERA, Oscar *et al*. Facts, alternative facts, and fact checking in times of post-truth politics. *Journal of Public Economics*, v. 182, 2020.

Atualmente, tem sido penoso encontrar respaldo a grande otimismo sobre o futuro, diante de mentiras propagadas em cascata[312] com a utilização de sistemas algorítmicos. Em cenário de extremismos, as *fake news* servem como amplificadoras de opiniões de determinados grupos. À evidência, o fenômeno de polarização de grupo não é novo, tendo sido identificado com precisão em estudo realizado por Charles Lord *et al.* em 1979.[313] A análise versava sobre a opinião das pessoas sobre a pena de morte, comprovando-se o extremismo intensificado após a demonstração de dados que confirmavam as visões iniciais.

O problema é que as notícias falsas aceleram o processo de modo vertiginoso, criando narrativas que enredam as pessoas nas malhas do discurso falacioso. Ademais, suscitam possíveis reações violentas em relação àqueles que ocupam o outro lado do espectro ideológico, o que impede o diálogo construtivo.

O efeito das *fake news* nas redes sociais tende a ser desmedidamente ampliado por meio de *social bots*, que podem deturpar a opinião pública sobre determinado assunto. Como sublinham Björn Ross *et al.*,[314] a IA pode ter impacto à vista da teoria da espiral do silêncio (*spiral of silence*) proposta por Elisabeth Noelle-Neumann.[315]

Essa teoria[316] propugna que as pessoas, quando sentem que a sua opinião não é aquela representada largamente pela opinião pública, preferem ficar em silêncio ao perderem a confiança na própria visão, tendo receio de isolamento e

---

[312] SUSSTEIN, Cass R. *A verdade sobre os boatos*: como se espalham e por que acreditamos neles. Rio de Janeiro: Elsevier, 2010.
[313] LORD, Charles G.; ROSS, Lee; LEPPER, Mark R. Biased assimilation and attitude polarization: the effects of prior theories on subsequently considered evidence. *Journal of Personality and Social Psychology*, v. 37, n. 11. p. 2098–2109.
[314] ROSS, Björn. Are social bots a real threat? An agent-based model of the spiral of silence to analyse the impact of manipulative actors in social networks. *European Journal of Information Systems*, v. 28, Issue 4. p. 394-412.
[315] NOELLE-NEUMANN, Elisabeth. The spiral of silence: a theory of public opinion. *Journal of Communication*, v. 24, Issue 2, 1974. p. 43-51.
[316] *Ibid.*, p. 43-51.

reprovação pelos demais. Isso fomentaria o ciclo em que outros indivíduos deixam de se expressar ao não encontrarem suas opiniões representadas pelo restante do público, criando uma espiral.

Com os *social bots*, em consórcio com as *fake news*, a opinião pública pode ser alterada, modificando-se a percepção pública e induzindo muitos a seguirem pensamentos distorcidos. O resultado pode ser corrosivo.

As crises políticas que se sucedem ao longo da história provam que nem o mais forte dos sistemas pode ser completamente blindado contra o perigo das notícias falsas.[317]

Por essa razão, mostra-se cogente a criteriosa regulação normativa e a correspondente responsabilização de quem faz o uso indevido da IA para facilitar a transmissão de notícias falsas, devendo-se proibir a utilização da tecnologia para tais fins. Isso é vital para que não se chegue ao cenário distópico em que o incumbido de liderar a democracia seja o próprio sistema artificial.

Em suma, imperativo responsabilizar, com senso de justiça, os agentes que promovem uso ilícito da IA para disseminar notícias falsas, assim como aqueles que deixam de tomar atitudes tempestivas para coibi-las, tendo atribuições legais para isso.

2.4 Outras hipóteses de utilização da IA como instrumento

Mencionem-se, nesse passo, outros casos de utilização da IA com natureza instrumental. Apesar de não terem sido abarcados nas hipóteses anteriores, não deixam de merecer relevância.

O combate ao tráfico de drogas necessita de remodelação em face do possível emprego ilícito da IA para o transporte

---

[317] Vale lembrar a República de Weimar: WOLFERS, Arnold. The Crisis of the Democratic Régime in Germany. *International Affairs (Royal Institute of International Affairs 1931-1939)*, v. 11, n. 6, 1932. p. 757-782.

de substâncias ilícitas.[318] Nessa seara, são conhecidos casos de utilização de *UUV* (*Unmanned Underwater Vehicle*), ou seja, veículos autônomos que transportam drogas, via água, provocando dificuldade de rastreamento dos traficantes.

Outra situação em que a IA pode suscitar resultados indesejáveis é o do interrogatório policial. Surge a figura do robô interrogador com o escopo de extrair confissão ou fatos do investigado.[319] Em situação-limite, a tecnologia pode ser direcionada até para a tortura, o que implica violações essenciais e imprescritíveis aos direitos humanos.

Tal prática seria, para Amanda Mcallister, tentativa de eximir de responsabilidade o torturador que faz uso da IA, ou seja, o ser humano verdadeiramente responsável pela ordem de tortura.[320] Mais: o fato de o robô ser uma máquina levaria a tortura a patamares ainda mais tenebrosos, pois o torturador seria desprovido de vestígio de empatia, como assinalam Thomas King *et al*.[321] Vale ressaltar que, no entendimento adotado, o ser humano que direciona a IA para a tortura é integralmente responsável pelo inafiançável e imprescritível crime e não pode se esquivar da responsabilização, sob a alegação evasiva de autonomia robótica. Além disso, o eventual ingrediente de violência policial, como explorado por Vanessa Chiari Gonçalves, é ponto adicional de preocupação.[322]

Os ataques cibernéticos efetuados no contexto de conflito entre países igualmente podem ser incrementados pela IA.[323]

---

[318] KING, Thomas C. *et al*. Artificial intelligence crime: an interdisciplinary analysis of foreseeable threats and solutions. *Science and Engineering Ethics*, v. 26, 2020. p. 100-101.

[319] MCALLISTER, Amanda. Stranger than science fiction: the rise of A.I. interrogation in the dawn of autonomous robots and the need for an additional protocol to the U.N. Convention Against Torture. *Minnesota Law Review*, v. 101, 2017. p. 2540-2544.

[320] *Ibid*., p. 2529, 2531.

[321] KING, Thomas C. *et al*. Artificial intelligence crime: an interdisciplinary analysis of foreseeable threats and solutions. *Science and Engineering Ethics*, v. 26, 2020. p. 102.

[322] GONÇALVES, Vanessa Chiari. A tortura como violência instituída e instrumento para a simulação do réu confesso. UFPR, 2011. Disponível em: https://www.acervodigital.ufpr.br/handle/1884/26300.

[323] YAMIN, Muhammad Mudassar *et al*. Weaponized AI for cyber attacks. *Journal of Information Security and Applications*, v. 57, 2021.

Tais situações têm a potencialidade de provocar desagregação econômica, social e política, afetando setores nevrálgicos.

A IA pode, ainda, aguçar a prática de *phishing*,[324] que se conceitua como a técnica de extrair informações sensíveis do usuário. Quando implementada por seres humanos, torna-se necessária a personalização dos ataques virtuais para que a prática criminosa seja efetivada contra a vítima. Já a IA tende a romper essa barreira, facilitando o trabalho para o perpetrador do delito.

A utilização da IA para crimes financeiros[325] igualmente preocupa, pois apresenta o condão de desestabilizar a economia global em escala sem precedentes. Por esse motivo, é fundamental que os vieses também sejam rigorosamente afastados dos dados quando a IA for aplicada às finanças.[326]

Nesse campo sensível, a IA pode ainda ser instrumental à construção de esquemas financeiros, em prática conhecida como *pump-and-dump scheme*.[327] O funcionamento do lamentável artifício financeiro envolve o aumento propositadamente falso de valores de determinadas ações.

Certamente, a utilização da IA em tais circunstâncias faz com que a pessoa (física ou jurídica) que dela faz uso seja responsabilizável por esses atos como se os cometesse diretamente.

Claro que, em contraposição à utilização maléfica da IA, plausível enxergá-la implementada para excelentes propósitos. Por exemplo, pode ser instrumento eficaz de combate às *fake news*,[328] já pela verificação do texto de mensagem distribuída,

---

[324] KING, Thomas C. Artificial Intelligence crime: an interdisciplinary analysis of foreseeable threats and solutions. *Science and Engineering Ethics*, v. 26, 2020. p. 105.

[325] YEOH, Peter. Artificial intelligence: accelerator or panacea for financial crime? *Journal of Financial Crime*, v. 26, n. 2. p. 634-646.

[326] LIN, Tom C. W. Artificial intelligence, finance, and the law. *Fordham Law Review*, v. 88, n. 2, 2019. p. 531-552.

[327] KING, Thomas C. Artificial Intelligence crime: an interdisciplinary analysis of foreseeable threats and solutions. *Science and Engineering Ethics*, v. 26, 2020. p. 97-100.

[328] GRANIK, Mykhailo Granik; MESYURA, Volodymyr. Fake news detection using naive Bayes classifier. *2017 IEEE First Ukraine Conference on Electrical and Computer Engineering (UKRCON)*, Kiev, 2017. p. 900-903, doi: 10.1109/UKRCON.2017.8100379.

já pelo escrutínio daqueles que veiculam notícias falsas.[329] A IA, por igual, pode ser instrumento valioso para detectar ilícitos como a lavagem de dinheiro.[330] No Brasil, por exemplo, o Tribunal de Contas da União faz uso de robô denominado Alice (acrônimo de Análise de Licitações e Editais) no intuito de detectar indícios de possíveis irregularidades.[331]

Contudo, importa grifar, em tom de alerta, que a utilização maléfica da IA, como instrumento para o cometimento de atos ilícitos, significa ameaça extremamente concreta. Nessa perspectiva, providencial que seja procedida adequada regulação, a fim de ensejar a justa responsabilização daquela pessoa que faz o uso indevido da IA como instrumento.

No próximo capítulo, enfrenta-se hipótese diversa: a responsabilidade do programador ou supervisor da IA, de modo que esta não é mais utilizada como ferramenta para a prática de um ilícito. Nesse caso, trata-se de averiguar negligência, imprudência ou imperícia do responsável pela programação ou supervisão.

---

[329] LIU, Yang; WU, Yi-Fang. Early Detection of Fake news on social media through propagation path classification with recurrent and convolutional networks. *The Thirty-Second AAAI Conference on Artificial Intelligence*, 2018. p. 354.

[330] KINGDON, J. AI fights money laundering. *IEEE Intelligent Systems*, v. 19, n. 3, 2004. p. 87-89.

[331] GOMES, Helton Simões. Como as robôs Alice, Sofia e Monica ajudam o TCU a caçar irregularidades em licitações. *G1*, 18 de março de 2018. Disponível em: https://g1.globo.com/economia/tecnologia/noticia/como-as-robos-alice-sofia-e-monica-ajudam-o-tcu-a-cacar-irregularidades-em-licitacoes.ghtml.

CAPÍTULO 3

IA E A RESPONSABILIDADE DO PROGRAMADOR OU SUPERVISOR

O que se estuda, neste capítulo, é a hipótese em que o programador ou o supervisor da IA figura como responsável pelos danos que a IA perpetra em decorrência de programação falha de algoritmos ou de supervisão inadequada de seu funcionamento. Esse caso se diferencia de maneira estridente do examinado no capítulo anterior, no qual uma pessoa humana propositadamente emprega a IA como ferramenta para cometer conduta ilícita. Aqui se trata de culpa do programador ou do supervisor, isto é, hipótese em que uma pessoa atua ou se omite de maneira culposa.

É precisamente à conta da fundada preocupação quanto ao desenvolvimento e aplicação da IA que a União Europeia elaborou proposta a fim de regular sua inserção no mercado.[332] Estabelece, antes de mais nada, os casos de proibição de desenvolvimento:[333] os sistemas de IA que adotam técnicas inadmissíveis de estímulo subliminar para influenciar comportamentos individuais; sistemas que exploram vulnerabilidades de determinado grupo de pessoas (devido à idade ou deficiência, por exemplo); sistemas que estabelecem *social score*, ou

---

[332] How the EU's flawed artificial intelligence regulation endangers the social safety net: questions and answers. *Human Rights Watch*, 10 de novembro de 2021. Disponível em: https://www.hrw.org/news/2021/11/10/how-eus-flawed-artificial-intelligence-regulation-endangers-social-safety-net#_How_can_the_EU_ensure2.
[333] PROPOSAL for a regulation of the european parliament and of the council laying down

seja, que analisam o grau de confiabilidade de pessoas com base em comportamento social ou características pessoais e a utilização de identificação biométrica em tempo real (apesar de comportar exceções em que é permitida).

Elenca, por outro lado, sistemas de IA de "alto risco". Apesar de permitidos, prescreve uma série de regulamentações jurídicas ao seu desenvolvimento e à verificação de conformidade. Assim, devem ser estabelecidas formas de averiguar os riscos conhecidos e previsíveis que possam advir, além de medidas mitigadoras.[334]

Desse modo, recomenda que a pessoa natural ou jurídica que colocar no mercado ou em serviço um sistema de IA de alto risco figure como responsável, inclusive com a adequação do produto à regulação em tela.[335]

Pois bem, no presente capítulo analisa-se a situação em que o programador ou o supervisor pratica ação ou omissão punível a título de culpa, ao permitir que a IA, por exemplo, seja lançada no mercado de forma precipitada, temerária e insegura, ou seja operada de modo que não atenda a prudentes critérios de precaução. Tais hipóteses são exploradas com pormenor a seguir, iniciando pela responsabilidade do programador e, ato contínuo, passando à do supervisor. Paralelamente, serão averiguados quais os limites para essa responsabilidade humana.

3.1 A responsabilidade do programador

O termo "programador" da IA, na acepção ora adotada, abarca não apenas o programador *stricto sensu*, mas o agente

---

harmonised rules on artificial intelligence (artificial intelligence act) and amending certain union legislative acts. Disponível em: https://eur-lex.europa.eu/legal-content/EN/TXT/?uri=CELEX%3A52021PC0206. p. 43-45.

[334] *Ibid.*, p. 46-47.

[335] *Ibid.*, p. 31, 55. "*It is appropriate that a specific natural or legal person, defined as the provider, takes the responsibility for the placing on the market or putting into service of a high-risk AI system...*" e "*... the manufacturer of the product shall take the responsibility of the compliance of the AI system with this Regulation...*".

responsável pelo treinamento de algoritmos e, ainda, aquele que reúne a base de dados.[336] Em outras palavras, o programador precisa ser entendido em sentido lato, envolvendo todos que participam da cadeia causal de elaboração, treinamento e implementação da IA.[337]

Cogita-se do quadro em que o programador da IA é negligente, imprudente ou imperito em seu ofício. Vale dizer, desenvolve algoritmos de maneira problemática, gerando danos a terceiros.

Uma ilustração elucidativa: um programador é contratado para desenvolver *software* de IA para o uso de cadeira de rodas que autonomamente leva pessoas de um ponto a outro, equipada com sensor capaz de identificar todos os objetos ao redor (semelhante a um carro autônomo).[338] Contudo, por hipótese, os programadores não previram a situação em que o cadeirante passaria por terreno irregular, caso em que a cadeira de rodas avança e vira, resultando em dano ao usuário.

Ou seja, nessa situação o programador não anteviu evento inteiramente plausível e imaginável (terreno acidentado). Deixou de considerar um cenário provável, descumprindo o dever de se antecipar diligentemente ao estipular programação algorítmica que preordenasse à cadeira deter o movimento ao se deparar com terreno de difícil trânsito. Nesse caso, pode restar configurada a negligência do programador, por não haver inserido esse cenário nos algoritmos da IA.

Conforme a doutrina clássica, a culpa pode ser cindida em três modalidades: imprudência (*culpa in comittendo*), negligência (*culpa in omittendo*) e imperícia (falta de habilidade

---

[336] LIOR, Anat. AI entities as AI agents: artificial intelligence liability and the AI respondeat superior analogy. *Mitchell Hamline Law Review*, v. 46, 2020. p. 50.

[337] LIMA, Dafni. Could AI agents be held criminally liable: artificial intelligence and the challenges for criminal law. *South Carolina Law Review*, v. 69, n. 3, 2018. p. 679-684. Dafni Lima, em vez do termo programador, designa a responsabilidade por *negligence* ou *recklessness* do *designer* ou *operator*.

[338] Para uma visão geral dos avanços da tecnologia em relação às cadeiras de rodas: DESAI, Sumit *et al.* Advances in smart wheelchair technology. *2017 International Conference on Nascent Technologies in Engineering* (ICNTE), 2017. p. 1-7.

profissional). Se o programador for imprudente, negligente e imperito em seu ofício, pode ser configurado esse molde normativo de responsabilidade.[339]

Gabriel Hallevy[340] denominou esse enquadramento de *Natural-Probable-Consequence Liability*. Apresenta o exemplo[341] de um comandante de avião que avista grande tempestade à frente e, por isso, resolve desligar a IA que funciona como piloto automático. Todavia, a IA recusa seu desligamento, pois havia sido programada para concluir o voo e finalizar a missão, não admitindo mudança de plano. Isso acarreta a morte do piloto. No exemplo figurado, o programador teria sido negligente ao não programar a IA de ordem a ensejar o seu desligamento.[342]

Por essa razão, a IA seria "semi-inocente",[343] em contraposição ao modelo de responsabilidade descrito no capítulo anterior, segundo o qual a IA (como instrumento) seria agente plenamente inocente. Embora a programação humana seja a responsável pelo dano, os algoritmos tomaram a decisão de maneira relativamente autônoma, colocando essa situação em âmbito intermediário de responsabilização, isto é, entre a hipótese examinada no capítulo anterior e a de uma IA plenamente responsável (que merece estudo apartado).

O que chama atenção é que o incremento da discussão sobre essa responsabilidade está mais aguçado do que pode parecer.

Na esfera dos carros autônomos, a culpa do programador entra em destaque. Consta que o primeiro acidente envolvendo veículo com uso da IA sucedeu em 2016, sem

---

[339] HUNGRIA, Nélson; FRAGOSO, Heleno Cláudio. *Comentários ao Código Penal*. Volume I. Tomo II. Arts. 11 a 27. 5. ed. Rio de Janeiro: Forense, 1978. p. 203-204.

[340] HALLEVY, Gabriel. The criminal liability of artificial intelligence entities – from science fiction to legal social control. *Akron Intellectual Property Journal*, v. 4, n. 2, 2010. p. 181-186.

[341] *Ibid.*, p. 182.

[342] *Ibid.*, p. 182.

[343] *Ibid.*, p. 181 e PADHY, Ankit Kumar; PADHY, Amit Kumar. Criminal liability of the artificial intelligence entities. *Nirma University Law Journal*, v. 8, n. 2, 2019. p. 19.

deixar feridos.³⁴⁴ Teria ocorrido porque o algoritmo do veículo entendeu que um caminhão pararia de se locomover ou diminuiria a velocidade, a fim de deixar o carro passar, o que não aconteceu, provocando o acidente.

Já a primeira morte causada por acidente com carro autônomo sobreveio em 2018.³⁴⁵ Consta que uma pedestre atravessava a rua em ponto que não era próprio, e, embora identificada pela IA, o sistema algorítmico não teria reagido a tempo, e ela veio a falecer por atropelamento.³⁴⁶ À luz de ambos os casos, emerge a dúvida sobre o grau de responsabilidade do programador para a superveniência do acidente.

Após uma criança solicitar para uma assistente virtual³⁴⁷ a sugestão de um desafio, recebeu como resposta que deveria colocar um carregador na tomada de maneira parcial, de modo a encostar uma moeda nos interruptores. À evidência, isso provocaria choque, com resultados imprevisíveis (quiçá letais) para a criança. A empresa responsável pelo produto imediatamente teria consertado a falha.

Em curto intervalo de meses (entre 2018 e 2019), duas aeronaves caíram aparentemente em função de problemas com o programa destinado a estabilizá-las em voo.³⁴⁸ A inquietação que se originou foi compreensivelmente global, sendo toda a frota daquele tipo obrigada a permanecer em solo até o

---

[344] LEE, Dave. Google self-driving car hits a bus. *BBC*, 29 de fevereiro de 2016. Disponível em: https://www.bbc.com/news/technology-35692845.

[345] Vídeo mostra o momento em que carro autônomo do Uber atropela pedestre nos EUA. *BBC*, 22 de março de 2018. Disponível em: https://www.bbc.com/portuguese/geral-43508977.

[346] Uber's self-driving car saw the pedestrian but didn't swerve – report. *The Guardian*, 8 de maio de 2018. Disponível em: https://www.theguardian.com/technology/2018/may/08/ubers-self-driving-car-saw-the-pedestrian-but-didnt-swerve-report#:~:text=An%20Uber%20self%2Ddriving%20test,about%2010pm%20on%2018%20March.&text=She%20later%20died%20from%20her%20injuries.

[347] SHEAD, Sam. Amazon's Alexa assistant told a child to do a potentially lethal challenge. *CNBC*, 29 de dezembro de 2021. Disponível em: https://www.cnbc.com/2021/12/29/amazons-alexa-told-a-child-to-do-a-potentially-lethal-challenge.html.

[348] CASSOL, Leonardo. Boeing 737 MAX: o que deu errado e o que foi feito para garantir o retorno dos voos com segurança. *Melhores destinos*, 08 de dezembro de 2020. Disponível em: https://www.melhoresdestinos.com.br/boeing-737-max.html.

reparo do programa. A questão mais discutida versou sobre suposta negligência ao lançar a aeronave, sobrevindo multa bilionária.[349]

Outro caso parece salientar a importância temática da responsabilidade de modo nítido: milhares de veículos foram alvos de um *recall*,[350] visto que a programação teria permitido que os carros continuassem a se movimentar (lentamente) em intersecções nas quais deveriam parar. Embora com velocidade baixa, essa prática implicaria contradição às regras de segurança.

Em julho de 2022, noticiou-se situação chocante:[351] durante uma partida de xadrez entre um robô e um garoto de sete anos, o braço mecânico do sistema de IA segurou e fraturou o dedo da criança, pelo fato de ter efetuado movimento proibido ao tentar mover uma peça fora de sua vez.

À vista de tais ilustrações, verifica-se que a culpa do programador não é assunto meramente abstrato ou especulativo, mas algo que encontra ressonância fática provável. Não significa que, nos casos mencionados, deva haver responsabilização, já que as particularidades e nuances precisam ser sopesadas isenta e atentamente.

Ademais, a responsabilidade em tela deve ser pensada, em termos legislativos, com extrema cautela restritiva na

---

[349] JOSEPHS, Leslie. Boeing to pay more than $2.5 billion to settle criminal conspiracy charge over 737 Max. *CNBC*, 7 de janeiro de 2021. Disponível em: https://www.cnbc.com/2021/01/07/doj-fines-boeing-over-2point5-billion-charges-it-with-fraud-conspiracy-over-737-max-crashes.html.

[350] SHEPARDSON, David. Tesla recalls nearly 54,000 vehicles that may disobey stop signs. *Reuters*, 1º de fevereiro de 2022. Disponível em: https://www.bbc.com/news/technology-60230072.

[351] ELLIOT, Lance. AI ethics and that viral story of the chess playing robot that broke the finger of a seven-year-old during a heated chess match proffers spellbinding autonomous systems lessons. *Forbes*, 27 de julho de 2022. Disponível em: https://www.forbes.com/sites/lanceeliot/2022/07/27/ai-ethics-and-that-viral-story-of-the-chess-playing-robot-that-broke-the-finger-of-a-seven-year-old-during-a-heated-chess-match-proffers-spellbinding-autonomous-systems-lessons/?sh=71193ef05b2b; e HENLEY, Jon. Chess robot grabs and breaks finger of seven-year-old opponent. *The Guardian*, 24 de julho de 2022. Disponível em: thttps://www.theguardian.com/sport/2022/jul/24/chess-robot-grabs-and-breaks-finger-of-seven-year-old-opponent-moscow?CMP=twt_gu&utm_source=Twitter&utm_medium=.

esfera penal, cuidando de assegurar, ao máximo, as garantias constitucionais, pois, a não ser assim, colocaria em ameaça desmesurada o trabalho de programadores e supervisores. Desse modo, os requisitos que serão enunciados podem ser aplicados, de maneira adequada, inclusive no âmbito civil.

Dito isso, a seguir, será primeiramente analisado o dever de cuidado e a ideia de *reasonable person* na tradição anglo-saxônica. Também com a necessária atenção, será examinado como o "homem médio" é entendido no direito romano-germânico, inclusive em relação às críticas de demasiada objetivação da figura. Posteriormente, será defendida a figura do programador razoável, que deve levar em consideração a previsibilidade, o nexo causal e a técnica adequada, que obedece a um critério temporal.

3.1.1 O dever de cuidado e a pessoa razoável na tradição anglo-saxônica

O escopo da culpa do programador pode ser aferido por dois conceitos essenciais ao deslinde do tema: o dever de cuidado e a pessoa razoável.[352] Oriundos do direito anglo-saxão, servem de lastro teórico à solução aqui desenvolvida. Embora não haja equiparação perfeita com as figuras brasileiras, afigura-se útil traçar importantes pontos em comum.

Os conceitos de negligência, imprudência e imperícia estão, no direito anglo-saxão, fundidos na noção de *negligence*. Esta pode ser entendida como ato ou omissão que, provocado por um estado mental de inadvertência, implica consequência danosa.[353] Pode ser apreendida tanto por meio de uma

---

[352] FREITAS, Thomas Bellini. A negligência no sistema Common Law: O dever de cuidado e a pessoa razoável. *In*: ODY, Lisiane Feiten Wingert (Org.). *Direito comparado Alemanha-Brasil*: temas de direito privado em estudos originais e traduzidos. Porto Alegre: Faculdade de Direito da UFRGS, 2021. p. 455-475.

[353] WINFIELD, Percy H. The history of negligence in the law of torts. *Law Quarterly Review*, v. 42, n. 2, 1926. p. 184. O autor dispõe que *negligence* seria constituída de *inadvertence, act or omission,* e *consequence.* Outra forma de conceituá-la seria considerar apenas a *inadvertance*; entretanto, a primeira parece ser a conceituação mais adequada.

teoria da conduta (na qual a ação e a omissão figuram como elementos fulcrais), como por meio de uma teoria do estado mental, na qual o mote central concerne à inadvertência.[354] O ponto é que o dever de cuidado expressa dever de atuar ou se abster de modo prudente, não sendo *careless*.[355] Descumprido tal dever,[356] poderá haver responsabilidade por negligência.

O programador de algoritmos precisa conhecer, pois, os riscos e perigos ocasionados pela programação inadequada. Se detiver esse conhecimento e, ainda assim, deixar de contemplar o *duty of care*, aí seria responsabilizável.[357]

Já a *reasonable person* é aquela pessoa dotada do senso de razoabilidade, quando confrontada com circunstância problemática concreta. Dessa forma, *reasonable person* é critério que intenta a objetivização[358] de *standards* para se determinar quando uma pessoa age com negligência.

Reputado o primeiro caso a merecer aplicação sistemática da noção de *reasonable person*, o *Vaughan v. Menlove*,[359] foi julgado em 1837 no Reino Unido. Nesse processo, o acusado foi considerado negligente ao construir palheiro para que a madeira secasse no verão, o que causou danos à casa de seu vizinho. O argumento utilizado pela defesa foi de que teria agido com boa-fé; entretanto, a decisão estimou, à diferença da ótica subjetivista que aqui se defende, que os critérios da pessoa razoável deveriam ser entendidos de forma objetiva.[360]

---

[354] BANNERMAN, R. E. Negligence: the reasonable man and the application of the objective test in anglo-american jurisprudence. *University of Ghana Law Journal*, v. 6, n. 2, 1969. p. 70-73. O autor diferencia a *conduct theory* e a *state-of-mind theory*.

[355] BUCKLAND, W. W. The duty to take care. *Law Quarterly Review*, v. 51, n. 4, 1935. p. 637. O autor traz o conceito de que o dever de cuidado envolve um *"duty to the plaintiff not to be careless"*.

[356] MURPHY, James P. Evolution of the duty of care: some thoughts. *DePaul Law Review*, v. 30, n. 1, 1980. p. 147-180.

[357] *Ibid.*, p. 78.

[358] SEAVEY, Warren A. Negligence. Subjective or objective? *Harvard Law Review*, v. 41, n. 1, 1927. p. 4.

[359] MCBRIDE, Nicholas J.; BAGSHAW, Roderick. *Tort law*. Harlow: Pearson Education Limited, 6. ed., 2018. p. 232-233.

[360] *Ibid.*, p. 232-235.

Outro caso digno de menção é o *Muir v. Glasgow Corporation*.[361] Crianças que estavam em uma loja sofreram queimaduras após o derramamento de chá escaldante. Foi realçado, na opinião de Lord Wright, que a designação da pessoa razoável precisa levar em consideração aquilo que é necessariamente perigoso, e o que não é, existindo determinadas condutas que são perigosas *a priori*, ao passo que outras não o são. No caso vertente, dois homens estavam carregando pote de chá, o que não seria, por si, algo perigoso.

Após o estudo desses casos emblemáticos, culmina-se por concluir que as noções de critérios precisos a enquadrar a pessoa razoável e de perigo são intrínsecas à *reasonable person*. Vale sublinhar, é claro, que a precisão nunca é total, requerendo a ótica subjetiva,[362] que leva em conta as especificidades da vida real.

Por sua vez, a ideia de imperícia, no direito anglo-saxão, guarda relação com a noção de *skill*,[363] isto é, de trabalho especializado, que não se encarta no âmbito de domínio da pessoa comum, pois o nível de conhecimento requerido – e de habilidade – é maior. Desse modo, buscam-se *standards* científicos de determinada profissão, como as de cirurgião, engenheiro etc.

A *House of Lords* estabeleceu critérios seguros para a aferição da existência do dever de cuidado no caso *Caparo Industries v. Dickman*,[364] de 1990. O primeiro elemento é o da *foreseeability*,[365] entendida como a capacidade de antever os resultados que possam advir de uma ação ou omissão negligente.

---

[361] Decisão disponível em: https://www.bailii.org/cgi-bin/format.cgi?doc=/uk/cases/UKHL/1943/1943_SC_HL_3.html&query=(muir)+AND+(v)+AND+(glasgow)

[362] NOLAN, Donan. Varying the standard of care in negligence. *The Cambridge Law Journal*, v. 72, n. 3, 2013. p. 670.

[363] BANNERMAN, R. E. Negligence – the reasonable man and the application of the objective test in anglo-american jurisprudence. *University of Ghana Law Journal*, v. 6, n. 2, 1969. p. 79-81.

[364] WITTING, Christian. Duty of care: an analytical approach. *Oxford Journal of Legal Studies*, v. 25, n. 1, 2005. p. 35-38.

[365] *Ibid.*, p. 36.

O segundo critério é da *proximity*,³⁶⁶ e teria como fundamento o exame da causalidade, designada *causal pathways*. Tais caminhos causais servem para apurar se a pessoa – de fato, e não agente idealizado – possuía a capacidade de impingir dano a terceiro. Em outras palavras, as partes devem ser suficientemente próximas a fim de caracterizar a potencialidade causal da ação ou omissão culposa.

Por fim, o terceiro critério ponderado pela *House of Lords* é que a imposição do dever seja *fair, just* e *reasonable*.³⁶⁷ Confere-se margem de interpretação às Cortes, à luz dos fatos concretos.

3.1.2 A culpa e o homem médio na tradição romano-germânica

Na tradição romano-germânica, a terminologia do "homem-médio" desponta como aquela utilizada com o propósito de verificar a infração (ou não) do dever de cuidado, nas hipóteses de configuração de culpa na ação ou omissão. A seguir, serão analisados os tipos de culpa para, enfim, compreender quais os critérios para a aferição desse homem-médio, bem como para enfrentar o problema da objetivação desses *standards*. Vale notar que, embora essa terminologia seja mais característica da esfera penal, também pode ser aplicada, sempre com as devidas adaptações e cautelas constitucionais, em outras áreas (como a civil) ao explorar a responsabilidade do programador da IA.

De acordo com Johannes Wessels, o fundamento do tipo de injusto culposo consiste na "causação do resultado, a lesão ao dever de cuidado objetivo e a imputação objetiva do resultado baseado no erro de conduta, orientada no sentido da finalidade protetiva das normas de cuidado".³⁶⁸ Na perspectiva

---

³⁶⁶ *Ibid.*, p. 36-37.
³⁶⁷ *Ibid.*, p. 37-38.
³⁶⁸ WESSELS, Johannes. *Direito penal*. Parte Geral (aspectos fundamentais). Porto Alegre: Sergio Antonio Fabris Editor, 1976. p. 149.

de Eugenio Zaffaroni *et al.*, os tipos culposos são tipos abertos, dado que as normas de cuidado desempenham a finalidade de completar e fechar o tipo.[369]

A diferença entre negligência, imprudência e imperícia aparece como decisiva para o entendimento das diferentes formas de culpa. Nas palavras de Nélson Hungria e Heleno Cláudio Fragoso, a imprudência dispõe de "caráter militante ou comissivo",[370] enquanto a negligência é caracterizada por "desleixo, inação, torpidez".[371] Assim, a primeira é uma "imprevisão ativa",[372] e a segunda é uma "imprevisão passiva".[373] A imperícia é uma modalidade diferenciada de negligência e imprudência, tendo como fulcro a falta de cumprimento de "cautelas específicas no exercício de uma arte, ofício ou profissão".[374] Já o Código Penal do Brasil absorve o tema no art. 18, II, ao afirmar que um crime é culposo "quando o agente deu causa ao resultado por imprudência, negligência ou imperícia".

Por sua vez, a culpa pode ser dividida em consciente ou inconsciente.[375] Também chamada de culpa com previsão ou *culpa ex lascivia*, a culpa consciente é presente quando ocorre representação do resultado lesivo,[376] mas o agente crê que não irá causá-lo.[377] Já na culpa inconsciente, ou *culpa ex ignorantia*,[378] o agente não representa a possibilidade de causar o resultado.[379]

---

[369] ZAFFARONI, Eugenio Raúl; ALAGIA, Alejandro; SLOKAR, Alejandro. *Derecho penal*. Parte general. 2. ed. Buenos Aires: Ediar, 2002. p. 549-550.
[370] HUNGRIA, Nélson; FRAGOSO, Heleno Cláudio. *Comentários ao Código Penal*. Volume I. Tomo II. Arts. 11 a 27. 5. ed. Rio de Janeiro: Forense, 1978. p. 203.
[371] *Ibid.*, p. 203.
[372] *Ibid.*, p. 203. Os autores também designam de *"culpa in comittendo"*.
[373] *Ibid.*, p. 203. Outra terminologia usada pelos autores é de *"culpa in omittendo"*.
[374] *Ibid.*, p. 204.
[375] SILVA, Ângelo Roberto Ilha da. *Teoria geral do crime*. Belo Horizonte: D'Plácido, 2022. p. 166-168; e SILVA, Ângelo Roberto Ilha da. *Instituições de direito penal*. 3. ed. Belo Horizonte: D'Plácido, 2022. p. 409-412.
[376] SILVA, Ângelo Roberto Ilha da. *Teoria geral do crime*. Belo Horizonte: D'Plácido, 2022. p. 166-167.
[377] SANTOS, Juarez Cirino dos. *Direito penal*. Parte geral. 6. ed. Curitiba: ICPC, 2014. p. 181-182.
[378] SILVA, Ângelo Roberto Ilha da. *Teoria geral do crime*. Belo Horizonte: D'Plácido, 2022. p. 167.
[379] BRUNO, Aníbal. *Direito penal*. Parte Geral. Tomo 2º. Rio de Janeiro: Forense, 1967. p. 92-94. No entendimento do autor, a culpa inconsciente seria a forma típica dos crimes culposos. As hipóteses de culpa consciente, em que "o resultado é previsto pelo agente, embora este

Como alerta Günter Stratenwerth, a diferença entre a culpa consciente e inconsciente não se vincula a uma gradação da gravidade do ilícito, mas sim em relação ao fato de que, na culpa consciente, o agente reconhece o perigo criado ou incrementado, mas confia de forma temerária que não ocorrerá o resultado.[380] Isso não significa, como aponta Stratenwerth, que essa modalidade é a mais grave, uma vez que, inclusive, o agente pode tomar todas as precauções de ordem a evitar a consequência lesiva.[381]

Como esclarece Ângelo Roberto Ilha da Silva, a diferença entre a culpa consciente e dolo eventual reside no fato de que, na primeira, o agente, apesar de "assumir o risco", não "aceita" a produção do resultado lesivo. No segundo caso, o agente, além de "assumir o risco", igualmente "aceita" aquele resultado.[382] Stratenwerth argumenta que o desafio da diferenciação é que, no fundo, trata-se de aspecto subjetivo e interno do agente, sendo necessário realizar uma inferência por meio de regras de experiência mais ou menos fiáveis.[383]

Pois bem, as situações nas quais o programador da IA pratica crime com dolo eventual podem ser enquadradas no que foi analisado no Capítulo 2, em que ocorre a utilização do sistema algorítmico como instrumento. Desse modo, entende-se que, no emprego da IA como instrumento, o elemento central reside na vontade da pessoa humana, de sorte que os casos de dolo eventual merecem ser igualmente examinados em

---

sinceramente espere que ele não aconteça", seriam, portanto, uma construção doutrinária que fugiria do molde tradicional.

[380] STRATENWERTH, Günter. *Derecho penal. Parte general I. El hecho punible*. 4. ed. Buenos Aires: Hammurabi, 2016. p. 510-511; e STRATENWERTH, Günter. Dolus eventualis und bewußte Fahrlässigkeit. *Zeitschrift für die gesamte Strafrechtswissenschaft*, v. 71, Issue 1, 1959. p. 51-71.

[381] STRATENWERTH, Günter. *Derecho penal. Parte general I. El hecho punible*. 4. ed. Buenos Aires: Hammurabi, 2016. p. 510.

[382] SILVA, Ângelo Roberto Ilha da. *Teoria geral do crime*. Belo Horizonte: D'Plácido, 2022. p. 144-146; e SILVA, Ângelo Roberto Ilha da. *Instituições de direito penal*. 3. ed. Belo Horizonte: D'Plácido, 2022. p. 386-388.

[383] STRATENWERTH, Günter. *Derecho penal. Parte general I. El hecho punible*. 4. ed. Buenos Aires: Hammurabi, 2016. p. 199-200.

conjunto com essa hipótese. Adiantando o que será defendido mais adiante, argumenta-se que a responsabilização do programador deveria ser normativamente mitigada na esfera penal.

Visto isso, considera-se aqui a ideia de dever de cuidado como peça-chave na aferição de responsabilidade a título de culpa. Esse conceito possui como substrato o princípio da confiança, que desempenha uma função limitadora ao dever de cuidado.[384] Ao mesmo tempo, essa noção vem acompanhada da ideia de homem médio (*homo medius*), figura muitas vezes seguida da tentativa exagerada de objetivação de critérios. Entretanto, como será demonstrado, tratá-la de modo demasiadamente objetivo tende a suscitar vários óbices.

No entendimento de Hans Welzel,[385] o dever de cuidado seria atendido se, no lugar do agente, houvesse a substituição hipotética por um homem inteligente e prudente na mesma situação. Esse cuidado objetivo compreenderia a consideração de efeitos previsíveis. Dessa forma, seria necessário o conhecimento inteligente dos perigos e a atitude prudente frente a eles. De acordo com Johannes Wessels, a "espécie e a medida do cuidado" devem levar em conta uma análise *"ex ante"*, considerando o homem prudente e consciencioso, fazendo-se necessário comparar esse conteúdo de cuidado exigido de modo objetivo com a conduta do autor.[386]

Como acertadamente observa Fabio D'Avila, a ideia de um homem médio, alicerçada em critérios exclusivamente objetivos, mostra-se um equívoco.[387] Em seu entendimento, a construção jurídica de parâmetros objetivos de "figuras-padrão" é simplesmente impossível de ser verificada na

---

[384] SILVA, Ângelo Roberto Ilha da. *Teoria geral do crime*. Belo Horizonte: D'Plácido, 2022. p. 174.
[385] WELZEL, Hans. *El nuevo sistema de derecho penal*. Uma introducción a la doctrina de la acción finalista. Buenos Aires: Editorial BdeF, 2004. p. 113-114.
[386] WESSELS, Johannes. *Direito penal*. Parte Geral (aspectos fundamentais). Porto Alegre: Sergio Antonio Fabris Editor, 1976. p. 150.
[387] D'AVILA, Fabio Roberto. *Crime culposo e a teoria da imputação objetiva*. São Paulo: Editora Revista dos Tribunais, 2001. p. 92-98.

prática. De fato, pondera que "o padrão em si é inalcançável, e, se o próprio padrão torna-se de impossível apreensão, como falarmos em segurança jurídica, decorrência primária da legalidade lata, quiçá ambicionarmos a sua subsunção ao ideal de legalidade estrita?".[388] Por essa razão, alinha-se à corrente doutrinária da individualização da capacidade do agente, que leva em conta os elementos subjetivos de modo a aferir a negligência típica. Na acepção de Winfried Hassemer, o homem médio não seria um *homo*, mas um *homunculus*, sendo meramente uma figura da imaginação,[389] impossível de ser encontrada na realidade.

Por sua vez, Günther Jakobs, na crítica a uma determinação objetiva da previsibilidade, afirma que esse conceito é incompatível com a ideia de individualização do conceito de ação.[390] A previsibilidade objetiva (*objektive Voraussehbarkeit*) não teria qualquer função que não estivesse inserida no bojo da noção de risco permitido, mostrando-se desnecessária. Desse modo, o injusto dos crimes culposos estaria relacionado à previsibilidade individual (*individuelle Voraussehbarkeit*).[391] Exemplifica com um carpinteiro mestre (*Dachdeckermeister*) e o seu aprendiz (*Lehrling*): enquanto o primeiro poderia ser responsabilizado por exercer a sua profissão sem o devido cuidado, o segundo não. Essa linha, que entende a previsibilidade como subjetiva (e não objetiva),[392] ressalta a importância de verificar, no caso concreto, qual a capacidade do agente, compreendida de modo particularizado.

---

[388] Ibid., p. 93.

[389] HASSEMER, Winfried. *Introdução aos fundamentos do direito penal*. SILVA, Pablo Rodrigo Alflen da (Trad.). Porto Alegre: Sergio Antonio Fabris Ed., 2005. p. 309.

[390] JAKOBS, Günther. *Strafrecht. Allgemeiner Teil.* 2. ed. Berlin: Walter de Gruyter, 1991. p. 320. "*Die objektive Bestimmung der Voraussehbarkeit ist deshalb mit einem individuellen Handlungsbegriff unvereinbar*".

[391] Ibid., p. 323. "*Im Ergebnis hat die objektive Voraussehbarkeit keine Funktion, die nicht schon das erlaubte Risiko erfüllen würde. Zum Fahrlässigkeitsunrecht (und nicht erst zur Schuld) gehört die individuelle Voraussehbarkeit*".

[392] SILVA, Ângelo Roberto Ilha da. *Teoria geral do crime*. Belo Horizonte: D'Plácido, 2022. p. 174-176.

O problema central de estabelecer parâmetros objetivos situa-se no fato de que não necessariamente correspondem ao caso concreto, em que as capacidades dos agentes podem ser menores ou maiores. Claus Roxin[393] intentou criar molde teórico de maneira a se posicionar entre as concepções generalizadoras e individualizadoras. Afirma que, considerando as capacidades inferiores à média, deve haver uma generalização, enquanto aquelas superiores à média devem ser individualizadas.[394] Ilustra com um especialista em corrida de automóveis que deve utilizar suas habilidades de modo a evitar um acidente, e se não empregá-las, surge elemento que determina sua responsabilidade culposa.[395] Em outras palavras, não deve ser, nesse caso, considerada a capacidade de um motorista médio, mas sim a de alguém que possui habilidades superiores. Roxin alerta que isso não significa exigir um esforço adicional àquele especialmente hábil, mas sim comportamento adequado e compatível com suas capacidades.

Em suma, o exame da figura do homem médio traz importantes aportes que podem ser criteriosamente utilizados na aferição de responsabilidade por culpa do programador da IA. A questão da excessiva objetivação dos *standards* do dever de cuidado, por exemplo, é outro aspecto que merece atenção. Tais contribuições são potencialmente valiosas no intuito de delimitar a figura do programador razoável, descrita logo a seguir.

3.1.3 O programador razoável

No lugar de pessoa razoável, defende-se aqui a adoção específica da figura do programador razoável, uma vez que as peculiaridades da matéria são tantas que justificam

---

[393] ROXIN, Claus. *Derecho penal*. Parte General. Tomo I. Fundamentos. La estrutura de la teoria del delito. 2. ed. Madrid: Civitas, 1997. p. 1013-1018.
[394] *Ibid.*, p. 1015. Propugna que *"se ha de generalizar hacia 'abajo' e individualizar hacia 'arriba'"*.
[395] *Ibid.*, p. 1017-1018.

designativo próprio. De passagem, registre-se que a expressão também pode ser encontrada no estudo de Karni Chagal-Feferkorn (*reasonable programmer*),[396] ao tratar do *standard* de *reasonableness*[397] do profissional que formula os algoritmos. Em seu enfoque, a autora propõe critérios de razoabilidade dos próprios algoritmos, ideia que designa de *reasonable algorithm*,[398] sendo esse o tema central de sua construção teórica. Com distinções, seria possível cogitar de proximidade com os critérios que serão propostos.

Pois bem, os critérios de aferição do programador razoável devem ser diferentes dos aplicáveis à pessoa razoável "comum", sendo necessários critérios específicos para a sua constatação. Simultaneamente, é imperativo levar em consideração a individualização da capacidade do programador (relevante para apurar a previsibilidade e para detectar a técnica inadequada).

Sabine Gless *et al*. assinalam, com propriedade,[399] que deve haver algum tipo de responsabilidade para quem coloca o produto no mercado, da mesma forma que um administrador de zoológico pode ser responsabilizado se soltar um tigre nas ruas, não podendo evocar como defesa o fato de o animal ser selvagem.

Assim, o programador pode agir a título de culpa em seus desdobramentos. Por exemplo, com negligência – se deixou de programar aspectos essenciais da IA –, imprudência – se vendeu programa como finalizado, não estando – ou imperícia – se carece de suficiente habilidade profissional para programar a complexa IA.

Importa frisar que a responsabilidade por culpa do programador tem que ser residual e excepcional, convindo

---

[396] CHAGAL-FEFERKORN, Karni. The reasonable algorithm. *University of Illinois Journal of Law, Technology & Policy*, v. 2018, n. 1, 2018. p. 137.
[397] *Ibid*., p. 137-139.
[398] *Ibid*., p. 111-148.
[399] GLESS, Sabine; SILVERMAN, Emily; WEIGEND, Thomas. If robots cause harm, who is to blame? Self-driving cars and criminal liability. *New Criminal Law Review*, v. 19, n. 3. p. 427.

evitá-la normativamente na esfera penal, que deveria se concentrar nas hipóteses de intencionalidade (tema que remonta à noção de instrumentalidade abordada no capítulo anterior). É razoável, com efeito, garantir ao desenvolvedor uma proteção necessária para o exercício profissional seguro, preservando liberdade e incentivo à produção de programas inovadores positivos de IA. O que se propõe aqui é um molde jurídico a ser aplicado apenas como última *"ratio"*, a fim de demarcar, de modo razoável, os limites da responsabilidade do ser humano.

Em outras palavras, a modalidade de responsabilidade na esfera civil pode abranger tanto as situações em que o programador teve a intenção de cometer ato ilícito (Capítulo 2) como as hipóteses de negligência, imprudência e imperícia. Já para a responsabilidade penal, é preferível normativamente mitigá-la, uma vez que poderia significar excesso desproporcional para os programadores e supervisores.

Mais, também para a responsabilidade civil devem ser seguidos rígidos critérios e observadas garantias constitucionais. Vale dizer, busca-se um modelo de responsabilização justa e que confira razoável liberdade ao programador e ao supervisor. À vista disso, requisitos prudentes de responsabilização devem conferir segurança jurídica para o trabalho do programador, do supervisor e para a sociedade ao mesmo tempo.

Sugerem-se, por conseguinte, critérios para que se configure o programador razoável levando em consideração uma tríade de elementos: 1) a previsibilidade no momento da programação quanto às futuras situações fáticas adversas; 2) a identificação do nexo causal entre a programação e o evento danoso, considerando-se que existe lacuna entre o que é programado e o ulterior desenvolvimento da IA; e 3) a questão de como determinar os parâmetros técnicos para a programação dos algoritmos, obedecendo ao critério temporal.

3.1.3.1 A previsibilidade

O primeiro desafio concerne à imprevisibilidade[400] de situações que envolvem a IA,[401] agravado pelo impressionante desenvolvimento autônomo. O que se defende é que, para a configuração da responsabilidade, determinadas consequências sejam antevisíveis pelo programador razoável.

Essa visão prospectiva dos danos que a IA pode causar é elemento nada singelo, uma vez que as circunstâncias da vida real, em grande medida, são imprevisíveis.[402] Tanto erros do sistema como da interação dele com terceiros podem desencadear eventos lesivos,[403] inesperados para o programador razoável.

Essa gigantesca dificuldade[404] de previsibilidade (*foreseeability*)[405] deita raízes ainda mais fundas quando se tem presente que os algoritmos se modificam e prosseguem em constante evolução após serem desenvolvidos. Quer dizer, se a previsibilidade já é tarefa árdua no momento da criação da IA, torna-se altamente intrincada à medida que a IA "aprende" com o mundo a seu redor.

Um exemplo esclarecedor: os programadores de carro autônomo certamente têm a capacidade de prever como o veículo deve operar ao enfrentar chuvas fortes (diminuindo a velocidade, por exemplo), mas dificilmente são capazes de prever como lidar satisfatoriamente em face de perseguição policial a foragidos (parar ou seguir?).

---

[400] CALO, Ryan. Robotics and the lessons of cyberlaw. *California Law Review*, v. 103, n. 3, 2015. p. 554-555.
[401] SELBST, Andrew D. Negligence and AI's human users. *Boston University Law Review*, v. 100, 2020. p. 1329-1333.
[402] BECK, Susanne. Intelligent agents and criminal law-negligence, diffusion of liability and electronic personhood. *Robotics and Autonomous Systems*, v. 86, 2016. p. 139.
[403] KOWERT, Weston. The foreseeability of human-artificial intelligence interactions. *Texas Law Review*, v. 96, n. 1, 2017. p. 195.
[404] ASARO, Peter M. The liability problem for autonomous artificial agents. *AAAI Spring Symposia*, 2016. Disponível em: https://www.aaai.org/ocs/index.php/SSS/SSS16/paper/view/12699/11789. p. 191-192.
[405] OSMANI, Nora. The complexity of criminal liability of AI systems. *Masaryk University Journal of Law and Technology*, v. 14, n. 1, 2020. p. 65-67.

Como aludido, a *House of Lords* erigiu, em *Caparo Industries v. Dickman*, como primeiro critério essencial para o dever de cuidado, a *foreseeability*,[406] ou seja, a previsibilidade da ocorrência do evento danoso. Para apurar a responsabilidade do programador, tal condição precisa ser rigorosamente sopesada.

Hans Welzel realça que a previsibilidade objetiva é um fator determinante para estabelecer o dever de cuidado objetivo, de modo que um homem "prudente e inteligente" seria capaz de prever tal situação.[407] Como aponta David Owen,[408] para o propósito de a previsibilidade ser verificada, força primeiramente entender que a ação pode ser danosa. Em segundo lugar, deve ser examinada a moral do indivíduo, no intuito de indagar se, no caso, a sua escolha foi (ou não) equivocada.

Preconiza-se aqui que se evitem os critérios demasiadamente objetivos a fim de avaliar a conduta do programador razoável e que seja examinada a sua capacidade de maneira individualizada.[409] Assim, é conveniente que se verifique a capacidade de atuação do programador nas circunstâncias fáticas e concretas. Desse modo, a previsibilidade pode ser examinada sob a ótica subjetiva.

Adaptando exemplo de Ignacio Cofone,[410] imagine-se situação em que um usuário indaga para uma IA sobre a melhor forma de cometer homicídio. Levando em conta as condições do local, dos indivíduos (tanto o criminoso como a vítima) e das ferramentas à disposição, a IA oferece ao cliente fórmula "perfeita", típica do mais hábil *serial killer*.

---

[406] WITTING, Christian. Duty of care: an analytical approach. *Oxford Journal of Legal Studies*, v. 25, n. 1, 2005. p. 36-37.

[407] WELZEL, Hans. *El nuevo sistema de derecho penal*. Uma introducción a la doctrina de la acción finalista. Buenos Aires: Editorial BdeF, 2004. p. 114.

[408] OWEN, David G. Figuring foreseeability. *Wake Forest Law Review*, v. 44, 2009. p. 1282.

[409] D'AVILA, Fabio Roberto. *Crime culposo e a teoria da imputação objetiva*. São Paulo: Editora Revista dos Tribunais, 2001. p. 92-98.

[410] COFONE, Ignacio N. Servers and waiters: what matters in the law of A.I. *Stanford Technology Law Review*, v. 21, n. 2, 2018. p. 194-196.

Nesse passo, urge cogitar: terá sido a empresa negligente em possibilitar que a IA oferecesse tais respostas? Não deveria ter vedado ao programa responder sobre esse gênero de pergunta? Afinal, a situação fática era previsível, de sorte que o programador poderia ter proibido que a IA oferecesse respostas. Logo, no caso em tela, seria plausível perquirir sobre a responsabilização.

Para aferir a previsibilidade, é indispensável ainda que haja transparência no processo de desenvolvimento dos algoritmos. Consoante relatório da União Europeia sobre a robustez e a explicabilidade da IA, a transparência pode ser verificada em três campos: no da implementação da IA (que envolve o modelo básico, incluindo princípios técnicos e parâmetros associados), o da especificação da IA (que trata de informações conducentes à implementação, como detalhes sobre a especificação de modelo de treinamento de dados e de *performance*) e o da interpretabilidade (que é a compreensão dos mecanismos subjacentes ao modelo, isto é, os princípios e as razões de dados e *outputs*).[411]

Uma programação transparente, auxiliada pela IA explicável, viabiliza a análise da previsibilidade factível, de molde a permitir que se verifique se o programador reunia condições razoáveis de antecipar esse ou aquele tipo de situação. Desse modo, o programador razoável, na acepção aqui preconizada, é aquele capaz de prever (para evocar os exemplos citados) que a cadeira de rodas poderia passar por terreno acidentado ou que o lançamento precipitado de modelo de aeronave, com sistema falho, poderia acarretar a sua queda.[412]

O Estado e as empresas privadas, respeitando a órbita de competência própria, precisam tomar atitudes firmes no sentido de mitigar os possíveis danos que possam decorrer

---

[411] HAMON, R.; JUNKLEWITZ, H.; SANCHEZ, I. Robustness and explainability of artificial intelligence – from technical to policy solutions. *Publications Office of the European Union*, Luxembourg, 2020. p. 11-12.

[412] O exemplo da aeronave é baseado em caso real, como mencionado nas notas 344 e 345.

de programação inadequada. Para tanto, crucial acurada fase de testes, conforme critérios rígidos de segurança. Para ilustrar, o carro autônomo[413] tem que passar pelos mais diferentes terrenos, climas, situações e dilemas éticos, para que os algoritmos se mostrem suficientemente treinados antes de entrarem em circulação.

O primeiro requisito para determinar o programador como razoável é, portanto, a habilidade de antever os riscos de situações fáticas no mundo real desde a fase de programação dos algoritmos. Então, para que o programador seja responsabilizado é absolutamente imprescindível que a situação fática danosa seja catalogada como passível de antevisão. Caso contrário, qualquer responsabilidade do programador tem que ser afastada. Ou seja, a previsibilidade tem que levar em conta um olhar subjetivo e individualizado para que possa ser adequadamente detectada.

3.1.3.2 O nexo causal

O segundo desafio diz respeito à identificação do nexo causal entre a programação e o evento danoso. Para que se cristalize a responsabilidade do programador razoável, necessário tal liame.

Nesse ponto, o que se almeja é apurar se existe a relação causal entre o programador, que teria sido negligente, imprudente ou imperito na realização de sua tarefa, e a consequência lesiva, além de analisar em que medida a programação falha gerou o resultado.

Sobre a relação de causalidade, cumpre referir as duas principais teorias que tratam da matéria: a teoria da *conditio sine qua non* e a teoria da causalidade adequada.

---

[413] VELLINGA, Ninke E. From the testing to the deployment of self-driving cars: legal challenges to policy makers on the road ahead. *Computer Law & Security Review*, v. 33, 2017.

A teoria da *conditio sine qua non*, também denominada teoria da equivalência das condições,[414] tem a sua origem[415] em Julius Glaser[416] e Maximilian von Buri.[417] Partindo de pressuposto ontológico, essa teoria tem como lastro a ideia de que todo resultado teria uma pluralidade de condições causais, e que todas essas condições seriam igualmente equivalentes para a ocorrência do resultado,[418] sendo de igual valor.[419] Nessa teoria, a causa seria toda condição que, quando suprimida mentalmente, tem por efeito a não produção do resultado concreto.[420] Esse nexo causal precisaria ser real e existente e não considerar as circunstâncias unicamente possíveis ou verossímeis,[421] convindo notar que poderia haver a interrupção, que impediria a formação da relação de causalidade.[422] Para que se configure o nexo causal, bastaria a condição para a existência do resultado, ou que o tivesse acelerado.[423]

---

[414] SILVA, Ângelo Roberto Ilha da. *Instituições de direito penal*. 3. ed. Belo Horizonte: D'Plácido, 2022. p. 363-365.

[415] ROXIN, Claus. *Derecho penal*: parte general. Tomo I. Fundamentos. La Estructura de La Teoria Del Delito. Madrid: Civitas, 1997. p. 348-349.

[416] GLASER, Julius. *Abhandlungen aus dem österreichischen Strafrecht*. Erster Band. Wien: Verlag von Tendler & Comp., 1858. p. 298. *Es gibt übrigens für die Prüfung des Causalzusammenhanges einen sicheren Anhaltspunkt; versucht man es, den angeblichen Urheber ganz aus der Summe der Ereignisse hinweg zudenken, und zeigt sichs dann, daß nichtsdestoweniger der Erfolg eintritt, daß nichtsdestoweniger die Reihenfolge der Zwisschenursachen dieselbe bleibt; so ist klar, daß die Tat und deren Erfolg nicht auf die Wirksamkeit dieses Menschen zurückgeführt werden können. Zeigt sich dagegen, daß, diesen Menschen einmal vom Schauplaß des Ereignisses hinweggedacht, der Erfolg gar nicht eintreten konnte, oder daß er doch auf ganz anderem Wege hätte eintreten müssen: dann ist man gewiß vollkommen berechtigt, den Erfolg jedem Menschen anzurechnen, ihn als die Wirkung seiner Thätigkeit zu erklären.* Disponível em: https://www.digitale-sammlungen.de/de/view/bsb10394382?page=310.

[417] VON BURI, Maximilian. *Ueber Causalität und deren Verantwortung*. Leipizig: Gebhardt Verlag, 1873. p. 1-27.

[418] WELZEL, Hans. *Derecho penal*: parte geral. Buenos Aires: Roque Depalma Editor, 1956. p. 49.

[419] ROXIN, Claus. *Derecho penal*: parte general. Tomo I. Fundamentos. La Estructura de La Teoria Del Delito. Madrid: Civitas, 1997. p. 348.

[420] WELZEL, Hans. *Derecho penal*: parte geral. Buenos Aires: Roque Depalma Editor, 1956. p. 49.

[421] *Ibid.*, p. 50.

[422] *Ibid.*, p. 50. Welzel cita o exemplo de A, que entrega a B veneno mortal, mas acaba sendo morto por C a tiros.

[423] WESSELS, Johannes. *Direito penal*: parte geral (aspectos fundamentais). Porto Alegre: Fabris, 1976. p. 42.

Por sua vez, a teoria da causalidade adequada[424] tem como fundador Johannes von Kries[425] e preconiza a utilização apenas de condições consentâneas e congruentes para o resultado lesivo, isto é, prováveis de acontecer. Desse modo, excluem-se aqueles fatos "fortuitos, excepcionais, extraordinários", que não estão no âmbito de normalidade da condição.[426] É realizado juízo *ex ante* na tentativa de estabelecer a condição da pessoa no momento de sua ação ou omissão, tendo em vista o que poderia ter previsto como resultado. A condição adequada é, pois, aquela "geralmente apropriada para produzir um determinado resultado"[427] ou consequência esperada.

No âmbito jurídico brasileiro, tanto a teoria da equivalência das condições como a teoria da causalidade adequada encontram amparo no art. 13 do Código Penal.[428] Em outras palavras, a teoria da *conditio sine qua non*, em princípio, estaria albergada naquela regra geral do sistema pátrio. Entretanto, isso será muitas vezes excepcionado pela teoria da causalidade adequada, nos moldes do art. 13, §1º.[429]

Como exposto, o segundo elemento consolidado pela *House of Lords* a fim de configurar o dever de cuidado é o da proximidade[430] entre o agente e a vítima, que apura a existência

---

[424] LÜBBE, Weyma. Die Theorie der adäquaten Verursachung: Zum Verhältnis von philosophischem und juristischem Kausalitätsbegriff. *Journal for General Philosophy of Science*, v. 24, 1993. p. 87-102.

[425] VON KRIES, Johannes. *Die Principien der Wahrscheinlichkeitsrechnung*: Eine logische Untersuchung. Freiburg: J. C. B. Mohr, 1886.

[426] SILVA, Ângelo Roberto Ilha da. *Instituições de direito penal*. 3. ed. Belo Horizonte: D'Plácido, 2022. p. 365-366.

[427] WELZEL, Hans. *Derecho penal*: parte geral. Buenos Aires: Roque Depalma Editor, 1956. p. 54-55. Welzel cita como exemplo uma vítima de furto que morre em acidente de automóvel quando vai à delegacia.

[428] Código Penal, art. 13: "O resultado, de que depende a existência do crime, somente é imputável a quem lhe deu causa. Considera-se causa a ação ou omissão sem a qual o resultado não teria ocorrido".

[429] Código Penal, art. 13, §1º: "A superveniência de causa relativamente independente exclui a imputação quando, por si só, produziu o resultado; os fatos anteriores, entretanto, imputam-se a quem os praticou".

[430] WITTING, Christian. Duty of care: an analytical approach. *Oxford Journal of Legal Studies*, v. 25, n. 1, 2005. p. 36-37.

da relação causal entre as partes. É mandatório que sejam suficientemente próximas para que haja o devido *causal pathway*,[431] de modo que a ação ou omissão possua relação de causalidade com o evento danoso.

O grande desafio desse pressuposto consiste em detectar o liame de causalidade entre a programação e o dano perpetrado pela IA. Essa identificação é laboriosa, dado que carece de apuração da causalidade específica da ação ou omissão do programador que, tendo como antever o evento danoso, teria sido o responsável pelo resultado nefasto. Note-se que, mesmo que viável antever a consequência lesiva no momento da programação – preenchendo o primeiro requisito –, precisa haver relação de causalidade efetiva com o resultado danoso.

As mencionadas teorias de causalidade servem como guias, mais ou menos precisas, ao propósito de deslindar a difícil questão: como averiguar se a ação ou a omissão do programador terá sido causadora de evento lesivo? Até que ponto o programador terá sido responsável?

É justamente para esse equacionamento contemporâneo que reentram em cena as teorias citadas. Se a teoria da equivalência de condições for utilizada para a aferição do programador razoável, amplia-se desmesurada e elasticamente a sua responsabilidade. Afinal, se qualquer consequência danosa antevisível restar automaticamente imputada, o leque de responsabilização seria talvez dilatado em excesso, redundando em restrição desproporcional à inovação.

Para ilustrar, o programador pode prever (mentalmente) a hipótese de carro autônomo se defrontar com assaltantes, porém não existe reação que possa ser considerada universalmente razoável nesse caso. O veículo deve acelerar bruscamente ou permanecer parado? Seja qual for o critério escolhido, não é aceitável que os danos sejam imputados ao programador. Não existe programação "certa" por ora, com

---

[431] WITTING, Christian. Duty of care: an analytical approach. *Oxford Journal of Legal Studies*, v. 25, n. 1, 2005. p. 37.

instruções minuciosas que mereçam ser acolhidas universalmente. Por esse motivo, parece mais apropriada a utilização da teoria da causalidade adequada para apurar o nexo causal.

Outro fator crucial para a verificação da relação causal é a análise do algoritmo que gerou o dano. Para isso, a explicabilidade algorítmica é chave.[432] Com a adequada explicação dos algoritmos mostra-se factível encontrar a derivação lógica entre a programação original e a decisão que leva ao dano.

A propósito, o estabelecimento da causalidade entre a programação e o dano ocasionado por um produto que envolve a IA solicita revisão jurídica da ideia de defeito. Tradicionalmente, são enunciados três tipos, como salientam Gary Marchant e Rachel Lindor: o defeito de fabricação (*manufacturing defect*), a falha em avisar (*failure to provide adequate instructions or warnings*) e o defeito de design (*design defect*).[433] Conforme os autores, este último seria o mais comum, pelo menos em veículos autônomos.[434]

A aferição do defeito de *design*[435] era realizada, tradicionalmente, por meio da expectativa do consumidor, de maneira que o produto não seria tido como mais perigoso do que o consumidor ordinário pudesse estimar. Na prática, essa concepção consolidava a *strict liability*. Uma segunda vertente foi a do *risk-utility test*,[436] por intermédio da qual um defeito de design ocorreria quando os riscos previsíveis associados ao produto restaram minimizados ao utilizar alternativa mais segura. Atualmente, existem abordagens baseadas na *negligence*,[437] que se coadunam melhor com o articulado neste capítulo.

---

[432] HALPERN, Joseph Y; PEARL, Judea. Causes and explanations: a structural-model approach. Part II: Explanations. *The British Journal for the Philosophy of Science*, v. 56, Issue 4, 2005. p. 897. "*The role of explanation is to provide information to establish causation*".

[433] MARCHANT, Gary E; LINDOR, Rachel A. The coming collision between autonomous vehicles and the liability system. *Santa Clara Law Review*, v. 52, 2012. p. 1322-1325.

[434] *Ibid.*, p. 1324.

[435] CHAGAL-FEFERKORN, Karni A. Am I an algorithm or a product: when products liability should apply to algorithmic decision-makers. *Stanford Law & Policy Review*, v. 30, n. 1, 2019. p. 80-81.

[436] *Ibid.*, p. 80.

[437] *Ibid.*, p. 81.

Embora a responsabilidade pelo produto seja um tópico menos discutido na seara penal do que na civil, parece absolutamente recomendável o incremento da sua presença no círculo das reflexões. No que se refere à responsabilidade criminal pelo produto, Susana Maria Aires de Sousa afirma que esta deve levar em consideração o modo de produção, e não o tipo de produção, dizendo respeito à inserção de produtos que implicam riscos, mostrando-se eventualmente enquadrável a conduta como crime de perigo.[438]

O que se preconiza aqui é que a IA merece ser tratada como produto que comporta, em regra, riscos inegáveis, e, a não ser que seja efetuada a programação devida, acompanhada de indispensável atuação preventiva, pode haver a responsabilização uma vez constatado o nexo de causalidade.

Como último exemplo, imagine-se a seguinte situação: um passageiro, a bordo de seu veículo autônomo, escolhe dormir durante o trajeto. O problema é que, durante o percurso, ocorre falta de luz generalizada na via, e todos os semáforos deixam de funcionar. Os programadores não haviam planejado a navegação do carro autônomo quando não houvesse sinalização. Quer dizer, mesmo após reconhecer que não havia semáforos ligados, o carro autônomo não foi programado para parar nessas ocasiões, mediante comando de estacionar e esperar que o passageiro acordasse. Muito pelo contrário, continua a se deslocar, e, devido ao caos gerado pela carência de luz, ocorre um acidente.

Primeiro, força apurar se a falta de luz e, por consequência, a ausência de sinalizações, poderia ser antevista pelos programadores. A resposta, claramente, é afirmativa. Em segundo lugar, cumpre verificar se o acidente não teria ocorrido sem o caos suscitado pela falta de sinalizações. Essencial, para essa última etapa, é a explicabilidade, uma vez que esta

---

[438] DE SOUSA, Susana Maria Aires. *A responsabilidade criminal pelo produto e o topos causal em direito penal* (contributo para uma protecção penal de interesses do consumidor). Coimbra: [s.n.], 2013. Tese de doutoramento. Disponível em: http://hdl.handle.net/10316/31763. p. 643-649.

propicia fixar o nexo causal entre a programação inadequada e o posterior acidente. Então, além de verificar se o evento era previsível, impõe-se estabelecer, com precisão, a cadeia causal entre a programação e o resultado.

3.1.3.3 A técnica inadequada

Ao lado da necessária previsibilidade do dano e do não menos necessário nexo causal entre a programação inadequada e o evento danoso, a aferição tem que perquirir sobre as técnicas de programação que o programador razoável, no sentido aqui esposado, levaria a cabo.

Para ilustrar, um programador de uma cadeira de rodas autônoma deve utilizar uma técnica segura de reconhecimento de ambientes variáveis para bem identificar objetos e pessoas. No entanto, se em vez de lançar mão de tecnologia apropriada, empregasse técnica destinada a cortador de grama autônomo, falharia provavelmente em identificar objetos distantes. Assim, ao atravessar a rua, a cadeira de rodas não identificaria carro que se aproximasse, o que produziria elevado risco de acidente para o usuário.

Nesse caso, a técnica disposta foge dos padrões que o programador razoável empregaria, já que se distancia dos *standards* esperados e reputados minimamente razoáveis.

É claro que essa aferição não será tarefa singela na maior parte das vezes. A grande dificuldade está em definir a técnica *standard* de programação, dado que os parâmetros de programação da IA são extremamente mutáveis, o que dificulta a fixação de critérios universais. É fundamental, pois, que não se caia na armadilha de excessiva objetivação desses parâmetros.

Por essa razão, defende-se a utilização da individualização da capacidade do programador (que, nesse caso, preenche a função do agente)[439] para que se diagnostique a

---

[439] D'AVILA, Fabio Roberto. *Crime culposo e a teoria da imputação objetiva*. São Paulo: Editora Revista dos Tribunais, 2001. p. 92-98.

técnica inadequada. Em outras palavras, deve ser esquadrinhada a técnica do programador, contemplando as nuances concretas e individuais. A título ilustrativo, há diferentes formas de *machine learning* e *deep learning* que drasticamente alteram o modo pelo qual se enfrenta determinado problema. Logo, as técnicas de programação – para um idêntico produto – podem ser distintas em diferentes empresas, países e contextos, na complexa busca da melhor técnica de programação.

Daí surge um sério óbice: a imposição de responsabilidade se relaciona de maneira intrínseca com a inovação e o alastramento da IA. Com efeito, por mais que os carros autônomos favoreçam a segurança da locomoção de passageiros como um todo, é quase inevitável que acidentes ocorram, principalmente nos primórdios da inovação. A responsabilidade pode, se desmedida, funcionar como entrave à ampliação do uso benéfico dos algoritmos, inibindo que as empresas desenvolvam a tecnologia.[440] Por outra parte, completando o dilema, a falta de imposição sensata da responsabilidade tende a ocasionar o não aperfeiçoamento da IA, o que significa menos segurança para o consumidor.[441]

Gary Marchant e Rachel Lindor exploram possibilidades[442] – um tanto questionáveis – para a limitação da responsabilidade: a primeira envolveria a assunção do risco pelo consumidor, sob o pressuposto de que a empresa não seria responsável pelos danos oriundos da IA.[443] Uma segunda possibilidade seria a de proteções legislativas que salvaguardassem o produto.[444] E, por fim, o estabelecimento de critérios regulatórios de segurança do produto.[445]

---

[440] MARCHANT, Gary E; LINDOR, Rachel A. The coming collision between autonomous vehicles and the liability system. *Santa Clara Law Review*, v. 52, 2012. p. 1339-1340.

[441] KOWERT, Weston. The foreseeability of human - artificial intelligence interactions. *Texas Law Review*, v. 96, n. 1, 2017. p. 199; e MARCHANT, Gary E; LINDOR, Rachel A. The coming collision between autonomous vehicles and the liability system. *Santa Clara Law Review*, v. 52, 2012. p. 1339-1340.

[442] MARCHANT, Gary E; LINDOR, Rachel A. The coming collision between autonomous vehicles and the liability system. *Santa Clara Law Review*, v. 52, 2012. p. 1335-1339.

[443] *Ibid.*, p. 1336-1337.

[444] *Ibid.*, p. 1337-1338.

[445] *Ibid.*, p. 1338-1339.

Sobre essa última possibilidade, Shlomit Yanisky-Ravid e Sean K. Hallisey trabalham com a proposta de afastar a responsabilidade excessiva com a construção do "Modelo de Transparência",[446] no qual os dados utilizados passam por um processo de auditoria por terceiro independente, que estabelece critérios padronizados. Uma vez aprovado por esse sistema, seria afastada a *strict liability*, de maneira que o modelo serviria como garantia para os *stakeholders*, conceituados como aqueles que estão envolvidos no processo de construção e utilização dos algoritmos.[447] O debate sobre essa possibilidade torna-se ainda mais desafiador se levado em consideração o risco do desenvolvimento.[448]

A seu turno, Matthew Scherer[449] sugere a criação de uma agência por meio de um *Artificial Intelligence Development Act*, que possuiria a função de elaborar políticas públicas atinentes à IA e também ao processo de certificação. As empresas que passassem por esse processo teriam a responsabilidade objetiva afastada, respondendo somente em casos de negligência.

Esse problema pode ser examinado com determinado sistema algorítmico elaborado para dispor de princípios éticos. Em caso noticiado,[450] apesar de presumíveis boas intenções dos programadores, teria havido resultados altamente preocupantes, pois a IA respondeu inaceitavelmente que, se genocídio deixasse uma pessoa feliz, isso seria permitido.

---

[446] YANISKY-RAVID, Shlomit; HALLISEY, Sean K. Equality and privacy by design: a new model of artificial intelligence data transparency via auditing, certification, and safe harbor regimes. *Fordham Urban Law Journal*, v. 46, n. 2, 2019. p. 473-485.

[447] *Ibid.*, p. 473-485.

[448] TEPEDINO, Gustavo; SILVA, Rodrigo Guia. Inteligência artificial e elementos da responsabilidade civil. *In*: FRASÃO, Ana; MULHOLLAND, Caitlin (Org.). *Inteligência artificial e direito*: ética, regulação e responsabilidade. São Paulo: Thomson Reuters Brasil, 2019. p. 311-312.

[449] SCHERER, Matthew U. Regulating artificial intelligence systems: risks, challenges, competencies, and strategies. *Harvard Journal of Law & Technology*, v. 29, n. 2, 2016. p. 393-398.

[450] KNIGHT, Will. This program can give AI a sense of ethics-sometimes. *Wired*, 20 de outubro de 2021. Disponível em: https://www.wired.com/story/program-give-ai-ethics-sometimes/.

Ora, o desvio é sempre uma ameaça, mesmo quando os programadores tentam evitar situações maléficas. Para piorar, muitos sistemas algorítmicos são montados sem qualquer preocupação com a ética, quando não para fins manifestamente antiéticos. Esse talvez pudesse ser um critério apropriado para a responsabilização dos programadores: a comprovada falta de zelo com princípios éticos.

Ademais, a Recomendação sobre a Ética da IA, elaborada pela UNESCO, dispõe que deve ser sempre possível atribuir responsabilidade ética e jurídica por qualquer estágio no ciclo de vida do desenvolvimento da IA, assim como adequadas soluções, tanto em relação às pessoas físicas ou entidades jurídicas.[451] Sugere, ainda, que essa responsabilidade deve estar de acordo com a função que cada um exerce nesse ciclo.[452]

Mais: nesta obra utiliza-se como bússola o dever de cuidado ético. É claro, essa abordagem pode se tornar ainda mais desafiadora perante a emergência de dilemas éticos.[453] Com efeito, não apenas os clássicos problemas morais como o famoso dilema do bonde (*trolley problem*)[454] terão que ser revisitados, mas brotarão novas situações que desafiam a ética.[455] Como observa Eric Hilgendorf, está-se diante de algoritmos "da morte" ou "de acidente".[456] Provavelmente, muitos dos dilemas não ensejariam responsabilização humana (exempli-

---

[451] RECOMMENDATION on the Ethics of Artificial Intelligence. *UNESCO*. Disponível em: https://unesdoc.unesco.org/ark:/48223/pf0000380455. p. 8. *"Member States should ensure that it is always possible to attribute ethical and legal responsibility for any stage of the life cycle of AI systems, as well as in cases of remedy related to AI systems, to physical persons or to existing legal entities. Human oversight refers thus not only to individual human oversight, but to inclusive public oversight, as appropriate".*

[452] Ibid., p. 9. *"The ethical responsibility and liability for the decisions and actions based in any way on an AI system should always be attributable to AI actors corresponding to their role in the life cycle of the AI system".*

[453] HILGENDORF, Eric. Dilemma-probleme beim automatisierten fahren. *Zeitschrift für die gesamte Strafrechtswissenschaft*, v. 130, n. 3, 2018. p. 674-703.

[454] ETZIONI, Amitai; ETZIONI, Oren. Incorporating ethics into artificial intelligence. *The Journal of Ethics*, v. 21, 2017. p. 403-418.

[455] CUNNEEN, Martin *et al*. Autonomous vehicles and avoiding the trolley (Dilemma): vehicle perception, classification, and the challenges of framing decision ethics. *Cybernetics and Systems*, v. 51, Issue 1, 2020. p. 59-80.

[456] HILGENDORF, Eric. Direito e máquinas autônomas. Um esboço do problema. *In*:

fica com uma criança que aparece repentinamente na frente do veículo autônomo, sem que houvesse viabilidade de o ser humano evitar o atropelamento).[457] Porém, em relação à IA, argumenta que poderia dela ser exigível uma determinada prática de ordem a impedir o acidente (ao menos, se dispusesse de capacidade específica), algo que suscitaria questões éticas difíceis.[458]

Dito isso, a aferição da técnica utilizada na programação dos algoritmos é peça essencial para a responsabilização do programador. Sem a verificação de técnicas que se coadunem com os parâmetros do programador razoável, nos moldes aqui delimitados, a responsabilização merece ser excluída. Para tanto, é mandatório que se analise a capacidade do programador de modo individualizado. Além disso, os critérios elencados para a responsabilização precisam dar conta da vasta mutabilidade de *standards* que ora domina o mundo da IA – carente de taxonomia segura.

3.1.3.3.1 A temporalidade

Com o objetivo de fixar a técnica adequada de programador de IA,[459] convém inserir o critério de temporalidade no processo de desenvolvimento dos algoritmos.

Conforme Stephen C. Slota *et al.*, a ideia de temporalidade seria, junto com a multiplicidade de atores, um aspecto que dificultaria a *accountability* da IA.[460] Já Ozlem Ulgen entende a temporalidade como tendo uma vertente histórica,[461] que

---

ESTELLITA, Heloisa; LEITE, Alaor (Ed.). *Veículos autônomos e direito penal*. São Paulo: Marcial Pons, 2019. p. 73-74.

[457] *Ibid.*, p. 73-74.
[458] *Ibid.*, p. 73-79.
[459] DREMLIUGA, Roman; PRISEKINA, Natalia. The concept of culpability in criminal law and AI systems. *Journal of Politics and Law*, v. 13, n. 3, 2020. p. 259-260.
[460] SLOTA, Stephen C. *et al.* Many hands make many fingers to point: challenges in creating accountable AI. *AI & SOCIETY*, 2021. Disponível em: https://link.springer.com/article/10.1007/s00146-021-01302-0.
[461] ULGEN, Ozlem. A human-centric and lifecycle approach to legal responsibility for AI. *Journal of Computer, Media and Telecommunications Law*, v. 26, 2021. p. 3.

buscaria estabelecer a responsabilidade por eventos passados, e outra de natureza prospectiva,[462] que trataria de estabelecer futuras obrigações. Tais acepções de temporalidade, com necessárias adaptações, podem ser úteis ao entendimento da modulação ora proposta.

As técnicas científicas de determinado ofício se alteram e evoluem continuamente, e no campo da IA certamente essa rapidez lembra uma vertigem, pois uma determinada técnica pode ficar obsoleta em questão de meses. Assim, para que se constate se o programador operou com negligência, imperícia ou imprudência, sem o devido *duty of care*,[463] imprescindível considerar, estritamente, as técnicas disponíveis naquele momento.

Imagine-se um programador de carro autônomo que utilize a técnica mais avançada disponível no período de elaboração dos algoritmos, consoante *standards* mundiais de desenvolvimento da tecnologia. No entanto, não houve a programação precisa para o enfrentamento de tentativa de assalto, uma vez que exigiria complexidade algorítmica indisponível à época, ou, se disponível, em fase embrionária. Não se cogitaria, nesse caso, de responsabilização, ao menos na esfera penal.

Pelo fato de o ramo da IA mudar incessante e drasticamente em curto período de tempo, justo manter o critério da temporalidade. Em outras palavras, se determinada técnica não existir no momento da programação, essa circunstância afastaria a responsabilidade do programador.

Dessa forma, além da situação fática ser previsível e haver causalidade entre a programação e o evento danoso (no caso, a tentativa de assalto do carro autônomo), parece indispensável que a exigência da técnica, entendida em seu sentido mais universal, obedeça ao critério temporal.

---

[462] Ibid., p. 3-4.
[463] MURPHY, James P. Evolution of the duty of care: some thoughts. *DePaul Law Review*, v. 30, n. 1, 1980. p. 147-180.

Note-se que se trata da dificuldade de lidar com o risco. A utilização da técnica mais avançada e completa disponível no momento nem sempre é suficiente para lidar com situação fática futura. Para que haja culpa do programador, é cogente que a configuração dos critérios ocorra à época do desenvolvimento dos algoritmos, e não ulteriormente. Ou seja, revela-se inafastável rígido critério temporal para determinar o conteúdo jurídico do conceito de programador razoável.

3.2 A responsabilidade do supervisor

O ser humano pode ser responsabilizável em outra situação, a par daquela em que o programador é culpável: na hipótese de responsabilidade do supervisor da IA.

O supervisor da IA se diferencia do programador. Enquanto este é responsável pela elaboração dos algoritmos, o seu treinamento e a sua implementação, o supervisor não atua de maneira direta no programa, mas sim monitora sua utilização na função de acompanhamento e fiscalização.

A propósito, as Orientações Éticas para uma IA de confiança, elaboradas por um grupo independente de peritos de alto nível criado pela Comissão Europeia, enunciam como um dos requerimentos para uma IA confiável a supervisão humana.[464] A IA sempre deve ter, em última instância, o olhar humano como vigilância insubstituível. É de se cogitar, inclusive, da proibição de uso de IA sem supervisão, pelo menos em algumas situações.

Existem, segundo tais Orientações Éticas, três formas[465] pelas quais a supervisão humana seria efetuada: por meio de intervenção humana (*human-in-the-loop*), praticada em todos os ciclos da IA; por meio de fiscalização humana (*human-on-the-loop*), em que o ser humano atua na construção de ciclos

---

[464] ETHICS Guidelines for Trustworthy AI. High-Level Expert Group on Artificial Intelligence. Disponível em: https://ec.europa.eu/digital-single-market/en/news/ethics-guidelines-trustworthy-ai. p. 15-16.
[465] *Ibid.*, p. 16.

do sistema e em sua operação; e, ainda, por intermédio de controle humano (*human-in-command*), quando o sistema é supervisionado com atenção primordial a seus impactos, sendo vital decidir quando e como utilizar a IA, e em quais situações específicas.

À semelhança do programador, o supervisor pode ser negligente, imprudente ou imperito em seu ofício.

Imagine-se um veículo autônomo: haverá intervalo de tempo até que a autonomia seja completa, de modo que o motorista humano ainda exerce importante protagonismo. Portanto, existe a função de supervisão humana, que também pode ser responsabilizada se houver falta de zelo.[466]

Impõe-se ressaltar que essa situação pode ter ocorrido com "piloto automático" de veículos autônomos.[467] Atualmente, a tecnologia pode ser ativada quando o veículo se locomove, por exemplo, em estradas longas, porém não em todas as situações. E, ainda quando ativado o sistema autônomo, o fabricante enfatiza que o motorista (que atua como usuário da IA)[468] precisa permanecer atento e com as mãos no volante. Noticiou-se que motorista de veículo autônomo estaria envolvido com *videogame* em vez de supervisionar o funcionamento da IA, não conseguindo reagir à colisão com barreira.[469]

Em outra situação, uma pessoa que estava na função de motorista *backup* foi acusada de homicídio culposo, pois durante o funcionamento do veículo autônomo teria se distraído olhando o celular, em vez de cuidar da segurança

---

[466] LEIMAN, Tania. Law and tech collide: foreseeability, reasonableness and advanced driver assistance systems, 2020, Disponível em: https://www.tandfonline.com/doi/full/10.1080/14494035.2020.1787696.

[467] Tesla Autopilot crash driver 'was playing video game'. *BBC*, 26 de fevereiro de 2020. Disponível em: https://www.bbc.com/news/technology-51645566.

[468] EBERS, Martin. Autonomes Fahren: Produkt- und Produzenthaftung. *In*: OPPERMANN, Bernd H.; STENDER-VORWACHS, Jutta (Ed.). *Autonomes Fahren*: Rechtsfolgen, Rechtsprobleme, technische Grundlagen. München: C.H. BECK. p. 115-116.

[469] Tesla Autopilot crash driver 'was playing video game'. *BBC*, 26 de fevereiro de 2020. Disponível em: https://www.bbc.com/news/technology-51645566.

do carro.⁴⁷⁰ A causa mais imediata da morte do pedestre pode ter sido o funcionamento falho dos algoritmos, mas isso não impediu que promotores americanos buscassem a responsabilização humana.⁴⁷¹

Ora, tais situações ilustram nitidamente que o usuário da IA pode agir como supervisor e, pontualmente, até vir a ser responsabilizado, se não cumprir o dever de cuidado. Esses casos provavelmente virão à tona mais frequentemente nos próximos tempos, à vista de estágios crescentes de incremento da autonomia.⁴⁷² Nesse intervalo, essencial realçar o peso da figura do supervisor.

De maneira idêntica à do programador, aqui são necessários rígidos e justos critérios para a determinação da responsabilidade, para que esta não incida desmesuradamente. Reiterando: a responsabilização deve, normativamente, ser mitigada na esfera penal.

Tendo sido examinadas as situações em que o programador e o supervisor podem ser responsabilizados por culpa, é possível concluir que esses casos, altamente complexos, apenas podem ser bem resolvidos juridicamente se observados estritos parâmetros de controle, no intuito de afastar enquadramentos desproporcionais que desconsiderassem os necessários limites à responsabilização jurídica do ser humano.

---

[470] HIGGINS, Tim. Uber Self-driving car that struck, killed pedestrian wasn't set to stop in an emergency. *The Wall Street Journal*, 24 de maio de 2018. Disponível em: https://www.wsj.com/articles/uber-self-driving-car-that-struck-killed-pedestrian-wasnt-set-to-stop-in-an-emergency-1527170245.

[471] LEVIN, Sam. Safety driver charged in 2018 incident where self-driving Uber car killed a woman. *The Guardian*, 16 de setembro de 2020. Disponível em: https://www.theguardian.com/us-news/2020/sep/16/uber-self-driving-car-death-safety-driver-charged.

[472] KEMP, Roger. Autonomous vehicles – who will be liable for accidents. Digital Evidence and *Electronic Signature Law Review*, v 15, 2018. p. 33. A variação de autonomia e independência dos veículos varia do grau 0 (*no automation*, isto é, que não possui nenhuma autonomia); passando pelo grau 1 (*driver assistance*, em que há apenas aconselhamento); grau 2 (*partial automation*, com a qual a aceleração e o freio são autônomos, mas com supervisão humana); grau 3 (*conditional automation*, hipótese em que o sistema é autônomo, mas está sujeito à intervenção humana); grau 4 (*high automation*, de automação completa, sem intervenções, em uma dada área geográfica e determinadas condições); e grau 5 (*full automation*, cenário no qual todas as ações que o humano pode realizar também poderiam ser replicadas pela IA).

Com essa observação derradeira, culmina-se a descrição das situações em que o ser humano pode ser responsabilizável por condutas ilícitas envolvendo a IA.

CONCLUSÃO

O presente livro enfrentou tema complexo e regulatoriamente inadiável para os sistemas jurídicos contemporâneos. A IA carece de tratamento legal consistente, seguro, comedido e preciso, visto que o seu advento se torna cada vez mais impactante para os destinos da humanidade.

No desenho alternativo de cenários, é possível localizar, de um lado, aqueles entusiastas da nova tecnologia, prontos a argumentar em prol de benefícios incomensuráveis. Ora, isso não deixa de ser verdade (por exemplo, na acurácia de diagnósticos médicos), com ganhos potencialmente notáveis.[473] Em contrapartida, muitos enxergam, também com boa dose de razão, que a IA colocaria em risco a própria sobrevivência da espécie humana.

Dessa discussão surge a indagação: afinal, quem está mais próximo da razão? Naturalmente, em cenário de tanta incerteza, não seria razoável pretender resposta peremptória e unívoca. Adota-se, pois, uma solução temperada que antevê as melhores possibilidades e, ao mesmo tempo, reconhece-se a urgência de adotar medidas regulatórias de prevenção e precaução no desiderato de evitar a concretização dos cenários catastróficos. Nas palavras oportunas de Stephen Hawking,[474] a IA pode ser a melhor ou a pior coisa para a

---

[473] CHATURVEDI, Saurabh. How artificial intelligence is poised to reshape medicine. *Medical News*, 24 de janeiro de 2022. Disponível em: https://www.news-medical.net/news/20220124/How-artificial-intelligence-is-poised-to-reshape-medicine.aspx.

[474] HERN, Alex. Stephen Hawking: AI will be 'either best or worst thing' for humanity. *The Guardian*, 19 de outubro de 2016. Disponível em: https://www.theguardian.com/science/2016/oct/19/stephen-hawking-ai-best-or-worst-thing-for-humanity-cambridge.

humanidade. Resta, assim, contribuir engajadamente para o cenário positivo.

Procurou-se aqui alertar para os desafios relacionados à prática algorítmica de condutas ilícitas e sua correspondente responsabilidade humana. A meta não foi de alardear pânico nem de propagar soluções fáceis, porém a de buscar ideias que deem conta da complexidade resultante da autonomia sem precedente dos sistemas algorítmicos. Intencionou-se, ainda, incrementar a presença do tema no círculo de debates jurídicos a fim de prevenir ou, pelo menos, mitigar os riscos que possam advir.

Não existe hoje nenhum ordenamento estatal que possa estar imune à incidência avassaladora da IA. Exatamente à conta disso, para ilustrar, a China investiu nos últimos anos de maneira maciça no setor. Em 2020, registrou mais patentes envolvendo a IA do que qualquer outro país e já ostenta a segunda maior quantidade de *startups* na área (atrás apenas dos Estados Unidos),[475] sendo líder inclusive na quantidade de *papers* publicados[476] e citados.[477] No ano de 2021, estima-se que o valor de mercado no setor era de aproximadamente 23 bilhões de dólares, com previsão para chegar na quantia de 150 bilhões em 2030.[478] Esse impressionante avanço sucede graças a planejamento estratégico[479] que fixou os parâmetros de investimento e regulação, com objetivos ambiciosos para

---

[475] CANDELON, François *et al.* China's business 'ecosystems' are helping it win the global A.I. race. *Fortune*, 2 de julho de 2021. p. 6. Disponível em: https://fortune.com/2021/07/02/china-artificial-intelligence-ai-business-ecosystems-tencent-baidu-alibaba/.

[476] ALLISON, Graham *et al.* The Great Tech Rivalry: China vs the U.S. *The Belfer Center for Science and International Affairs*, 7 de dezembro de 2021. Disponível em: https://www.belfercenter.org/publication/great-rivalry-china-vs-us-21st-century.

[477] ARTIFICIAL Intelligence Index Report 2021. p. 10. Disponível em: https://aiindex.stanford.edu/report/.

[478] KOTY, Alexander Chipman. Artificial intelligence in China: Shenzhen releases first local regulations. *China Briefing*, 29 de julho de 2021. Disponível em: https://www.china-briefing.com/news/artificial-intelligence-china-shenzhen-first-local-ai-regulations-key-areas-coverage/.

[479] O plano é conhecido como *New Generation Artificial Intelligence Development Plan* (新一代人工智能发展规划).

o final da década.⁴⁸⁰ É claro, os Estados Unidos respondem com veemência, destinando vultosas quantias para manter a competitividade.⁴⁸¹ Entretanto, o certo é que há espaço para todos os países que queiram investir na IA em defesa do humano.⁴⁸²

Fato, ainda, que os sistemas jurídicos, em toda a parte, mesmo aqueles que não se inserem no rol de candidatos à liderança da IA, precisam lidar com essa nova realidade, que emerge com força disruptiva global. Por todos os continentes e ângulos, a IA trará desafios cruciais para o Direito.

O intuito do livro foi o de ressaltar como o sistema jurídico precisa lidar adequadamente com a emergência da IA, sob ótica inovadora, instigante e complexa, ainda que tendo de romper, em parte, com paradigmas consolidados em outros tempos. Nessa perspectiva, espera-se contribuir para a sedimentação de novas linhas de pesquisa jurídica, de molde a promover o crescente refinamento adaptativo de categorias e abordagens.

Diante do articulado, entendeu-se correto asseverar que a relação da IA com o tema de responsabilidade humana tem que ocorrer, primordialmente, em duas hipóteses: a utilização como instrumento e a responsabilidade por culpa do programador ou do supervisor.

Nesses respectivos campos, devem ser enfrentadas, com extremo cuidado e o pertinente senso de justiça, as situações em que a pessoa humana possa vir a ser responsabilizada por conduta ilícita envolvendo a IA, levando sempre em devida conta os limites e as garantias constitucionais.

---

⁴⁸⁰ ROBERTS, Huw. The Chinese approach to artificial intelligence: an analysis of policy, ethics, and regulation. *AI & SOCIETY*, 2021, v. 36. p. 59-77.

⁴⁸¹ EDWARDS, Jane. Senate panel's defense spending bill to raise Pentagon's FY 2022 budget by $24B. *ExecutiveGov*, 19 e outubro de 2021. Disponível em: https://executivegov.com/2021/10/senate-panels-defense-spending-bill-to-increase-dods-fy-2022-budget-by-24b/.

⁴⁸² FREITAS, Juarez; FREITAS, Thomas Bellini. *Direito e inteligência artificial*: em defesa do humano. Belo Horizonte: Editora Fórum, 2020.

O exemplo do veículo autônomo prestou-se a ilustrar bem as duas hipóteses. Na primeira, o veículo pode ser diretamente programado pelo ser humano a fim de causar um ato ilícito (figurando como instrumento). Na segunda, cogita-se da configuração de responsabilidade do programador (quando a programação resultou extremamente falha) ou do supervisor (se tiver acontecido descuido do dever de cuidado na supervisão).

No curso da reflexão, entendeu-se indispensável recompor a evolução histórica da IA para melhor compreender as sutilezas do mundo algorítmico. O conjunto de precursores da IA envolve pensadores antigos (como Heron de Alexandria e Al-Jazari) e cientistas modernos, como Ada Lovelace. No topo simbólico mais recente, consta a figura emblemática de Alan Turing, que, em 1950, desvendou o advento da IA reimaginando o que se poderia compreender por "inteligência". Ao propor célebre teste para estabelecer quando um computador seria inteligente, utilizou critérios objetivos, afastando a necessidade de constatar aspectos subjetivos e mentais. Atualmente, encontram-se sistemas algorítmicos que lograram aprovação no referido teste. A sua genialidade visionária fez com que antevisse em tom quase profético muito do que viria a ser corroborado nas décadas seguintes.

Ato contínuo, mostrou-se conveniente reportar acontecimentos históricos que marcaram o caminho evolutivo (não linear) da IA, como a derrota de Garry Kasparov pelo Deep Blue, em 1997, e a derrota não menos impactante de Lee Sedol para o AlphaGo. Explorou-se, ainda, a potencialidade extremamente multifacetada de aplicações atualíssimas da IA.

O livro enfrentou a conceituação da IA, admitindo a dificuldade de encontrar consenso sobre o significado de inteligência e artificialidade. Para clarificar a noção adotada, explorou-se com pormenor o citado teste de Turing. A par disso, analisaram-se as categorias de IA forte e fraca, traçadas por John Searle, assim como as noções de IA estreita e geral.

Sem prejuízo da conceituação proposta por Stuart Russel e Jacob Turner, assumiu-se aqui que a IA pode ser entendida, com vantagem, como sistema algorítmico adaptável, relativamente autônomo, emulatório da decisão humana, noção que permeou todo o estudo.

A seguir, aprofundando a análise das abordagens citadas da responsabilidade humana, estudou-se a situação do uso instrumental da IA para o cometimento de condutas ilícitas, ou seja, em que serve como ferramenta de seres humanos para perpetrá-las.

Uma aplicação preocupante dessa hipótese foi examinada com os sistemas algorítmicos autônomos de guerra (designados de *AWS* ou *LAWS*), que já se encontram em uso expressivo. Tais equipamentos bélicos são dotados de sofisticada tecnologia que lhes "faculta" escolher o procedimento para eliminar um alvo de maneira autônoma. Ora, para que as condutas ilícitas cometidas com o emprego da tecnologia em tela não permaneçam impunes, entende-se que a responsabilidade deve ser atribuída ao "comandante", ou seja, ao ser humano juridicamente capaz que operacionaliza a IA para atingir as finalidades de guerra, de modo instrumental. Por igual, mostrou-se necessária a reflexão sobre o desenvolvimento e o uso de sistemas algorítmicos autônomos de guerra, de ordem a evitar graves problemas no âmbito de conflitos internacionais. Uma vez que seu banimento se mostra improvável, é recomendável adequada e criteriosa regulação.

Em seguida, alertou-se para o imenso perigo de ver a IA utilizada para a disseminação de notícias falsas, em escala assustadora. Primeiro, com o uso de *deepfakes*, que manipulam a imagem humana e a voz de modo extraordinariamente realista. Em segundo lugar, com a disseminação de notícias falsas potencializada pelo alcance das redes sociais. Não somente podem levar à crença em ideias evidentemente falsas como acarretar perversos comportamentos violentos em massa. As notícias falsas contribuem, ademais, para o fenômeno da crise dos sistemas políticos, uma vez que as mentiras não são facilmente checáveis e identificadas, forjando desconexão massiva com a realidade. Além disso, estudaram-se adicionais situações de uso insidioso da IA como instrumento para, por exemplo, a prática de crimes financeiros ou tortura.

A segunda hipótese examinada é a responsabilidade por culpa do programador ou do supervisor. Alguns casos evidenciaram, de forma inequívoca, a relevância do debate sobre possível responsabilização dos programadores, isto é, dos que desenvolvem a programação inadequada da IA. Prova mencionada irrefutável dessa preocupação é a recente proposta de regulação da IA pela União Europeia, destacando que a pessoa natural ou jurídica tem que assumir a responsabilidade pelo alto risco de colocar determinados sistemas de IA no mercado.

A fim de escrutinar o problema sob a perspectiva eminentemente jurídica, foram analisadas as noções do dever de cuidado (*duty of care*) e da pessoa razoável (*reasonable person*) com fulcro na doutrina anglo-saxônica. Foram examinados casos da jurisprudência que foram fundamentais para estabelecer tais requisitos, como o de *Caparo Industries v. Dickman* da Câmara dos Lordes britânica.

Mais adiante, foi explorada a noção de homem médio no direito romano-germânico em conjunto com a noção de culpa e dever de cuidado. Foi diferenciada a modalidade consciente e inconsciente de culpa, assim como apresentada a distinção com o dolo eventual. Exploraram-se, com pormenor, as ideias de negligência, imprudência e imperícia. Apesar de ter sido explicado como tradicionalmente a doutrina entende os critérios para aferir o homem médio e o dever de cuidado, concluiu-se que a demasiada objetivação pode vir a ser problemática. Nessa medida, afigura-se preferível adotar uma postura de individualização humanista da capacidade do agente, ou seja, uma ótica de previsibilidade subjetiva.

Concluiu-se, ainda, que a responsabilização na esfera penal deve ser normativamente mitigada, sob pena de implicar demasiada restrição ao trabalho do programador e do supervisor. Poderia sobrevir clima de paralisia inibitória da boa inovação em face do medo extremado de responsabilização penal, nas hipóteses em que não houvesse intencionalidade.

À vista desses aportes, pareceu oportuna a defesa da figura específica do programador razoável, nos moldes conceituais explicitados, a fim de melhor equacionar as situações de responsabilidade da pessoa que descumpre o dever de cuidado na profissão de programador de algoritmos. Nesse caso, precisam estar presentes os requisitos de previsibilidade, nexo causal e técnica inadequada (que, por sua vez, deve obedecer ao critério temporal). Principalmente em relação ao primeiro e último critérios, deve ser contemplada a capacidade do agente de modo individualizado.

A previsibilidade, o primeiro requisito, significa que é viável ao programador antever situação. Se determinado fato ou evento não puder ser previsto, não há como responsabilizá-lo. É por essa razão que, durante o desenvolvimento da programação dos sistemas algorítmicos, deve haver ampla transparência.

O segundo requisito é o da existência de nexo causal entre a programação e o evento danoso. Foram exploradas as teorias da *conditio sine qua non* e a teoria da causalidade adequada com o ânimo de melhor tratar o problema, assim como as noções de *proximity* e *causal pathway*, a partir da mencionada decisão da Câmara dos Lordes. Resultou nítido, a propósito, que a ideia de "defeito" de produto carece de remodelação.

Por último, o requisito da técnica inadequada significa que o programador deve atuar de acordo com os *standards* técnicos esperados em sua profissão. O ponto é que tais parâmetros, diante da rapidez vertiginosa com que a tecnologia da IA evolui, são difíceis de aferir. Nessa medida, convém adotar rígido critério de temporalidade, de maneira a não haver responsabilização do programador quando inexistir determinada técnica disponível naquele dado momento.

Em face desses requisitos, revelou-se plausível afirmar, com segurança, que a responsabilidade do programador só pode ocorrer em casos incomuns, quando presentes todas as condições jurídicas. De outra parte, à responsabilidade do supervisor aplica-se de modo analógico o estabelecido em relação à responsabilidade do programador. Ressalte-se a conclusão de que esse modelo de responsabilidade é promissor para, por exemplo, regular casos de veículos que não apresentem grau completo de autonomia.

Por derradeiro, registre-se que se explorou tema extremamente rico e complexo, com várias questões juridicamente novas e instigantes, sem estabelecer conclusões fixas e imutáveis. Muito pelo contrário, as portas intelectuais seguem abertas para novas reflexões. A par disso, mostrou-se recomendável identificar os campos que requerem estudo aprofundado, missão que incumbe a todos que pretendem resguardar as melhores aspirações regulatórias do sistema jurídico brasileiro, à vista da crescente e arriscada utilização de IA. Será uma tarefa árdua, mas, ao mesmo tempo, fascinante e essencial.

REFERÊNCIAS

ABBOTT, Ryan. *The reasonable robot*: artificial intelligence and the law. Cambridge: Cambridge University Press, 2020.

ADIWARDANA, Daniel; LUONG, Minh-Thang; SO, David R.; HALL, Jamie; FIEDEL, Noah; THOPPILAN, Romal; YANG, Zi; KULSHRESHTHA, Apoorv; NEMADE, Gaurav; LU, Yifeng; LE, Quoc V. *Towards a human-like open-domain chatbot*. Disponível em: https://arxiv.org/pdf/2001.09977.pdf. Acesso em: 24 jan. 2022.

AL-FARABI, Abū Naṣr. De los princípios de los seres. *In: Obras filosóficas e políticas*, Editorial Trotta – Liberty Fund, 2008.

ANDREI, Mihai. *Google's MuZero chess AI reached superhuman performance without even knowing the rules*. 8 de outubro de 2021. Disponível em: https://www.zmescience.com/science/googles-muzero-chess-ai-reached-superhuman-performance-without-even-knowing-the-rules/.

AIELLO, Luigia Carlucci. The multifaceted impact of Ada Lovelace in the digital age. *Artificial Intelligence*, v. 235, 2016. p. 60.

ALLAIN, Jessica S. From Jeopardy! to Jaundice: the medical liability implications of Dr. Watson and other artificial intelligence systems. *Louisiana Law Review*, v. 73, 2013. p. 1053.

ANDERSON, Kenneth et al. Adapting the law of armed conflict to autonomous weapon systems. *International Law Studies*, v. 90, 2014.

ANDRESEN, Scott l. John McCarthy: Father of AI. *IEEE Intelligent Systems*, v. 17, Issue 5, 2002. p. 84-85.

ARENDT, Hannah. *Crisis of the Republic*. Lying in politics: Reflections of the Pentagon Papers. A Harvest Book, 1972.

ARKIN, Ronald C. *Governing lethal behaviour in autonomous robots*. Boca Raton: Taylor & Francis Group, 2009.

ARTIFICIAL. *Online Etymology Dictionary*. Disponível em: https://www.etymonline.com/search?q=artificial. Acesso em: 02 fev. 2022.

ASARO, Peter. On banning autonomous weapon systems: human rights, automation, and the dehumanization of lethal decision-making. *International Review of the Red Cross*, v. 94, Issue 886, 2013. p. 694.

ASARO, Peter. The liability problem for autonomous artificial agents. *AAAI Spring Symposia*, 2016. Disponível em: https://www.aaai.org/ocs/index.php/SSS/SSS16/paper/view/12699/11949. p. 191-192.

ATHER, S. Hussain. A history of artificial intelligence: from ancient civilization to the present day. Disponível em: https://ahistoryofai.com/antiquity/.

BADUE, Claudine *et al*. *Self-driving cars:* a survey. Disponível em: https://arxiv.org/pdf/1901.04407.pdf.

BANNERMAN, R. E. Negligence – the reasonable man and the application of the objective test in anglo-american jurisprudence. *University of Ghana Law Journal*, v. 6, n. 2, 1969. p. 70-73.

BARDHAN, Ashley. Men are creating ai girlfriends and then verbally abusing them. *Futurism*, 18 de janeiro de 2022. Disponível em: https://futurism.com/chatbot-abuse.

BARRERA, Oscar *et al*. Facts, alternative facts, and fact checking in times of post-truth politics. *Journal of Public Economics*, v. 182, 2020.

BECK, Susanne. Intelligent agents and criminal law-negligence, diffusion of liability and electronic personhood. *Robotics and Autonomous Systems*, v. 86, 2016. p. 139.

BEIGHTON, Rochelle. World's first crewless, zero emissions cargo ship will set sail in Norway. *CNN*, 27 de agosto de 2021. Disponível em: https://edition.cnn.com/2021/08/25/world/yara-birkeland-norway-crewless-container-ship-spc-intl/index.html.

BENDEL, Oliver. The synthetization of human voices. *AI & SOCIETY*, v. 34, 2019. p. 83-89.

BERGMAN, Ronen; FASSIHI, Farnaz. The Scientist and the A.I-Assisted, Remote-Control Killing Machine. *New York Times*. 18 de setembro de 2021. Disponível em: https://www.nytimes.com/2021/09/18/world/middleeast/iran-nuclear-fakhrizadeh-assassination-israel.html.

BERRYMAN, Sylvia. Ancient automata and mechanical explanation. *Phronesis*, v. 48, 2003. p. 352-353.

BIRLEY, Anthony R. *Marcus Aurelius*. A biography. New York: Routledge, 2001. p. 184.

BODEN, Margaret A. *AI*: its nature and future. Oxford: Oxford University Press, 2016.

BOEING, Daniel Henrique Arruda; DA ROSA, Alexandre Morais. *Ensinando um robô a julgar*. Pragmática, discricionariedade, heurísticas e vieses no uso de aprendizado de máquina no judiciário. Florianópolis: Emais Academia, 2020.

BOEIRA, Marcus Paulo Rycembel. *Temas de lógica deôntica e filosofia do direito*. A linguagem normativa entre a escolástica iberoamericana e a filosofia analítica. Rio de Janeiro: Lumen Juris, 2020.

BOHANNON, John. Fears of an AI Pioneer. *Science*. v. 349, Issue 6245, 2015. p. 252.

BOLTER, David. Artificial Intelligence. *Deadalus*, v. 113, n. 3, 1984. p. 4.

BOULTON, Clint. Papa John's serves up AI for more efficient ordering. *CIO*, 3 de agosto de 2021. Disponível em: https://www.cio.com/article/189048/papa-johns-serves-up-ai-for-more-efficient-ordering.html.

BRAHAMBHATT, Rupendra. The inventor who upgraded japan's mysterious robots 250 years ago. *Interesting Engineering*, 23 de setembro de 2021. Disponível em: https://interestingengineering.com/the-inventor-who-upgraded-japans-mysterious-robots-250-years-ago.

BRKAN, Maja. Artificial intelligence and democracy: the impact of disinformation, social bots and political targeting. *Delphi – Interdisciplinary Review of Emerging Technologies*, v. 2, 2019. p. 66-71.

BROMLEY, Allan G. Charles Babbage's analytical engine. *Annals of the History of Computing*, v. 4, n. 3, 1982. p. 196-217.

BRUNO, Aníbal. *Direito penal*. Parte Geral. Tomo 2º. Rio de Janeiro: Forense, 1967.

BRYSON, Joanna J. Robots should be slaves. *In*: Y. Wilks (Ed.). *Close engagements with artificial companions*: key social, psychological, ethical and design issues. John Benjamins Publishing Company, 2010. p. 63-74.

BUCKLAND, W. W. The duty to take care. *Law Quarterly Review*, v. 51, n. 4, 1935. p. 637.

BURCH, Robert. Charles Sanders Peirce. *The Stanford Encyclopedia of Philosophy*. ZALTA, Edward N. (Ed.), 2022. Disponível em: https://plato.stanford.edu/entries/peirce/#dia.

CALDWELL, M. *et al*. AI-enabled future crime. *Crime Science*, v. 9, n. 14, 2020.

CALIENDO, Paulo. *Ética e inteligência artificial*: da possibilidade filosófica de agentes morais artificiais. PUCRS. Disponível em: https://tede2.pucrs.br/tede2/handle/tede/9534.

CALO, Ryan. Robotics and the lessons of cyberlaw. *California Law Review*, v. 103, n. 3, 2015. p. 554-555.

CARNAHAN, Burrus M.; ROBERTSON, Marjorie. The protocol on "Blinding Laser Weapons": A New Direction for International Humanitarian Law. *American Journal of International Law*, v. 90, Issue 3, 1996. p. 484-490.

CASSOL, Leonardo. Boeing 737 MAX: o que deu errado e o que foi feito para garantir o retorno dos voos com segurança. *Melhores destinos*, 08 de dezembro de 2020. Disponível em: https://www.melhoresdestinos.com.br/boeing-737-max.html.

CHABERT, Jean-Luc (Ed.). *A history of algorithms*: from the pebble to the microchip. Springer, 1999.

CHAGAL-FEFERKORN, Karni A. Am I an algorithm or a product: when products liability should apply to algorithmic decision-makers. *Stanford Law & Policy Review*, v. 30, n. 1, 2019. p. 80-81.

CHAGAL-FEFERKORN, Karni A. The reasonable algorithm. *University of Illinois Journal of Law, Technology & Policy*, v. 2018, n. 1, 2018. p. 111-148.

CHEI, Men; DECARY, Michel. Artificial intelligence in healthcare: an essential guide for health leaders. *Healthcare Management Forum*, v. 33, 2020. p. 12.

CHOI, Charles Q. How self-driving cars might transform city parking. *IEEE Spectrum*. Disponível em: https://spectrum.ieee.org/autonomous-parking.

CHRISLEY, Ronald. General introduction: the concept of artificial intelligence. *In*: CHRISLEY, Ronald (Ed.). *Artificial intelligence*: critical concepts. Volume 1. London: Routledge, 2000. p. 2.

CNJ. *Resolução nº 332*, de 21 de agosto de 2020. Disponível em: https://atos.cnj.jus.br/atos/detalhar/3429.

COFONE, Ignacio N. Servers and waiters: what matters in the law of A.I. *Stanford Technology Law Review*, v. 21, n. 2, 2018. p. 194-196.

COLE, David. The chinese room argument. The Stanford Encyclopedia of Philosophy (Winter 2020 Edition). *In*: ZALTA, Edward N. (Ed.). Disponível em: https://plato.stanford.edu/entries/chinese-room/.

CRAMER, Maria. A.I. Drone may have acted on its own in attacking fighters, U.N. Says. *New York Times*, 3 de Junho de 2021. Disponível em: https://www.nytimes.com/2021/06/03/world/africa/libya-drone.html. Acesso em: 05/01/2022.

CROOTOF, Rebecca. The killer robots are here: legal and policy implications. *Cardozo Law Review*, v. 36, n. 5, 2015. p. 1854.

CROOTOF, Rebecca. War torts: accountability for autonomous weapons. *University of Pennsylvania Law Review*, v. 164, n. 6, 2016. p. 1399.

CUNNEEN, Martin *et al*. Autonomous vehicles and avoiding the trolley (dilemma): vehicle perception, classification, and the challenges of framing decision ethics. *Cybernetics and Systems*, v. 51, Issue 1, 2020. p. 59-80.

CZELAKOWSKI, Janusz. Algebraic aspects of deduction theorems. *Studia Logica*, v. 44, 1985. p. 369-387.

D'AVILA, Fabio Roberto. *Crime culposo e a teoria da imputação objetiva*. São Paulo: Editora Revista dos Tribunais, 2001. p. 92-98.

D'AVILA, Fabio Roberto. Resultado, causalidade, e imputação objetiva. Velhos e novos olhares sobre o artigo 13 do código penal brasileiro. *In*: JÚNIOR, Miguel Reale; MOURA, Maria Thereza de Assis (Ed.). *Coleção 80 anos do código penal*. Volume 1. Parte geral. São Paulo: Thomson Reuters Brasil, 2020. p. 129-138.

DAYE, Chu. China unveils brand new, state-of-the-art train to serve Beijing Winter Olympics. *Global Times*, 6 de janeiro de 2022. Disponível em: https://www.globaltimes.cn/page/202201/1245316.shtml.

DÖBEL, Inga *et al. Maschinelles Lernen*: Kompetenzen, Anwendungen und Forschungsbedarf. München: Fraunhofer-Gesellschaft, 2018. p. 10. Disponível em: https://www.bigdata-ai.fraunhofer.de/de/publikationen/ml-studie.html.

DE MATOS, Paulo Belchior. AlphaGo Zero: a inteligência artificial da Google já não precisa de humanos para aprender. *Exame Informática*, 19 de outubro de 2017. Disponível em: https://visao.sapo.pt/exameinformatica/noticias-ei/mercados/2017-10-19-alphago-zero-a-inteligencia-artificial-da-google-ja-nao-precisa-de-humanos-para-aprender/.

DE SOUSA, Susana Maria Aires. *A responsabilidade criminal pelo produto e o topos causal em direito penal* (contributo para uma protecção penal de interesses do consumidor). Coimbra: [s.n.], 2013. Tese de doutoramento. Disponível em: http://hdl.handle.net/10316/31603. p. 643-649.

DENNETT, Daniel C. Consciousness in human and robot minds. *In*: ITO, Masao; MIYASHITA, Yasushi; ROLLS, Edmund T. (Ed.). *Cognition, computation, and consciousness*. Oxford: Oxford University Press, 1997. p. 17.

DESAI, Sumit *et al*. Advances in smart wheelchair technology. 2017 International Conference on Nascent Technologies in Engineering (ICNTE), 2017. p. 1-7.

DOBRINOIU, Maxim. The influence of artificial intelligence on criminal liability. *Lex ET Scientia International Journal*, v. 26, n. 1, 2019. p. 144.

DREMLIUGA, Roman; PRISEKINA, Natalia. The concept of culpability in criminal law and AI systems. *Journal of Politics and Law*, v. 13, n. 3, 2020. p. 259-260.

DREYFUS, Hubert L. *What computers can't do*. New York: Harper & Row Publishers Inc, 1972.

EBERS, Martin. Autonomes Fahren: Produkt - und Produzenthaftung. *In*: OPPERMANN, Bernd H.; STENDER-VORWACHS, Jutta (Ed.). *Autonomes Fahren*: Rechtsfolgen, Rechtsprobleme, technische Grundlagen. München: C.H. BECK. p. 115-116.

ELLIS, Megan. The 5 best android chatbots that'll keep you entertained. *MUO*, 4 de agosto de 2021. Disponível em: https://www.makeuseof.com/tag/unique-android-chatbots/.

ELLIS-PETERSEN, Hannah. Myanmar's military accused of genocide in damning UN report. *The Guardian*. 27 de agosto de 2018. Disponível em: https://www.theguardian.com/world/2018/aug/27/myanmars-military-accused-of-genocide-by-damning-un-report.

ETHICS Guidelines for Trustworthy AI. High-level expert group on artificial intelligence. Disponível em: https://ec.europa.eu/digital-single-market/en/news/ethics-guidelines-trustworthy-ai.

ETTINGER, Jay. Overcoming international inertia: the creation of war manual for lethal autonomous weapons systems. *Minnesota Journal of International Law*, v. 30, n. 1, 2020. p. 174.

ETZIONI, Amitai; ETZIONI, Oren. Incorporating ethics into artificial intelligence. *The Journal of Ethics*, v. 21, 2017. p. 403-418.

EUROPEAN Parliament resolution of 16 February 2017 with recommendations to the Commission on Civil Law Rules on Robotics (2015/2103(INL). Nº 59.

FARKAS, Johan; SCHOU, Jannick. *Post-truth, fake news and democracy*: mapping the politics of falsehood. New York: Routledge, 2020.

FLORIDI, Luciano. Faultless responsibility: on the nature and allocation of moral responsibility for distributed moral actions. *Philosophical Transactions of the Royal Society A.*, v. 374, Issue 2083, 2016.

FREITAS, Juarez; FREITAS, Thomas Bellini. *Direito e inteligência artificial*: em defesa do humano. Belo Horizonte: Editora Fórum, 2020.

FREITAS, Thomas Bellini. A negligência no sistema Common Law: o dever de cuidado e a pessoa razoável. *In*: ODY, Lisiane Feiten Wingert (Org.). *Direito comparado Alemanha-Brasil*: Temas de direito privado em estudos originais e traduzidos. Porto Alegre: Faculdade de Direito da UFRGS, 2021. p. 455-475.

FRIDMAN, Lex. Arguing machines: human supervision of black box AI systems that make life-critical decisions. Disponível em: https://arxiv.org/abs/1710.04459.

GABRIEL, Markus. *O sentido do pensar*: a filosofia desafia a inteligência artificial. Petrópolis: Vozes, 2021. p. 328-333.

GAFFIOT, Félix. *Dictionnaire illustré Latin-Français*, 1934. p. 837.

GAMMON, Kate. Future past: self-driving cars have actually been around for a while. *Car and driver*, 15 de novembro de 2016. Disponível em: https://www.caranddriver.com/news/a15343941/future-past-self-driving-cars-have-actually-been-around-for-a-while/.

GARCEZ, Artur d'Avila; LAMB, Luis C. *Neurosymbolic AI*: the 3rd wave. Disponível em: https://arxiv.org/abs/2012.05876.

GARG, S. *et al*. Panigrahi Social Network measures association with social and intelligent behaviors in Dolphin network. *11th International Conference on Cloud Computing, Data Science & Engineering (Confluence)*, 2021. p. 655-659.

GAUGHAN, Anthony J. Illiberal democracy: the toxic mix of fake news, hyperpolarization, and partisan election administration. *Duke Journal of Constitutional Law & Public Policy*, v. 12, n. 3, 2017. p. 57-140.

GAUKER, Cristopher. Universal instantiation: a study of the role of context in logic. *Erkenntnis*, v. 46, 1997. p. 185-214.

GAW, Fatima. Algorithmic logics and the construction of cultural taste of the Netflix Recommender System. *Media, Culture & Society*, 2021. Disponível em: https://journals.sagepub.com/doi/full/10.1177/01634437211053767?casa_token=yFiWUbxYQ9IAAAAA%3AMIgivY_JSeLjru7PdMCCGkgHH9x7NaYlX-MdSEuRAVEBthPx4j31tRfLY1sWiZlkpxBeMH8Eixn5.

GEIST, Edward Moore. It's already too late to stop the AI arms race-We must manage it instead. *Bulletin of the Atomic Scientists*, v 72, Issue 5, 2016.

GLASER, Julius. *Abhandlungen aus dem österreichischen Strafrecht*. Erster Band. Wien: Verlag von Tendler & Comp., 1858.

GLESS, Sabine; SILVERMAN, Emily; WEIGEND, Thomas. If robots cause harm, who is to blame? Self-driving cars and criminal liability. *New Criminal Law Review*, v. 19, n. 3. p. 427.

GODFREY-SMITH, Peter. *Other minds*: the octopus, the sea, and the deep origins of consciousness. New York: Farrar, Straus and Giroux, 2016.

GOERTZEL, Ben; PENNACHIN, Cassio. Contemporary approaches to artificial general intelligence. *In*: GOERTZEL, Ben; PENNACHIN, Cassio (Ed.). *Artificial general intelligence*. Rockville: Springer, 2007. p. 1-28.

GOERTZEL, Ben. Artificial General Intelligence: Concept, state of the art, and future prospects. *Journal of Artificial General Intelligence*, v. 5, 2014. p. 1-3.

GOMES, Helton Simões. Como as robôs Alice, Sofia e Monica ajudam o TCU a caçar irregularidades em licitações. *G1*, 18 de março de 2018. Disponível em: https://g1.globo.com/economia/tecnologia/noticia/como-as-robos-alice-sofia-e-monica-ajudam-o-tcu-a-cacar-irregularidades-em-licitacoes.ghtml.

GONÇALVES, Vanessa Chiari. A tortura como violência instituída e instrumento para a simulação do réu confesso. *UFPR*, 2011. Disponível em: https://www.acervodigital.ufpr.br/handle/1884/26300.

GONZALEZ, Luis F. et al. Unmanned Aerial Vehicles (UAVs) and artificial intelligence revolutionizing wildlife monitoring and conservation. *Sensors*, v. 16, 2016. p. 97.

GOODRICH, Joanna. How IBM's Deep Blue beat world champion chess player Garry Kasparov. *IEEE Spectrum*. 25 de janeiro de 2021. Disponível em: https://spectrum.ieee.org/how-ibms-deep-blue-beat-world-champion-chess-player-garry-kasparov.

GOPANI, Avi. A historical tale of DeepMind's games. *Analytics India Magazine*, 1º de janeiro de 2022. Disponível em: https://analyticsindiamag.com/a-historical-tale-of-deepminds-games/.

GORVETT, Zaria. Why insects are more sensitive than they seem. *BBC*, 28 de novembro de 2021. Disponível em: https://www.bbc.com/future/article/20211126-why-insects-are-more-sensitive-than-they-seem.

GRANIK, Mykhailo Granik; MESYURA, Volodymyr. Fake news detection using naive Bayes classifier. *2017 IEEE First Ukraine Conference on Electrical and Computer Engineering (UKRCON)*, Kiev, 2017. p. 900-903, doi: 10.1109/UKRCON.2017.8100379.

GRANVILLE, Kevin. Facebook and Cambridge Analytica: what you need to know as fallout widens. *New York Times*, 19 de março de 2018. Disponível em: https://www.nytimes.com/2018/03/19/technology/facebook-cambridge-analytica-explained.html.

GREKOUSIS, George. Artificial neural networks and deep learning in urban geography: a systematic review and meta-analysis. *Computers, Environment and Urban Systems*, v. 74, 2019. p. 244-256.

GRILLO, Franceso. Hero of Alexandria's automata. A critical edition and translation, including a commentary on book one. 2019. Disponível em: http://theses.gla.ac.uk/76774/#:~:text=This%20thesis%20is%20a%20critical,opposed%20to%20a%20stationary%2C%20automaton.

GROVE, William M.; MENTON, William H. Hypothetico-deductive model. *The Encyclopedia of Clinical Psychology*, 2015. p. 1-3.

GUERRA, Alice et al. Liability for robots I: legal challenges. *Journal of Institutional Economics*, 2021. p. 9.

GUGERTY, Leo. Newell and Simon's logic theorist: historical background and impact on cognitive modeling. *Proceedings of the Human Factors and Ergonomics Society Annual Meeting*, v. 50, Issue 9, 2006. p. 880.

GURNEY, Jeffrey K. Sue my car not me: products liability and accidents involving autonomous vehicles. *University of Illinois Journal of Law, Technology & Policy*, v. 2013, n. 2, 2013. p. 251.

GUZELLA, Thiago S; CAMINHAS, Walmir M. A review of machine learning approaches to Spam filtering. *Expert Systems with Applications*, v. 36, Issue 7, 2009. p. 10206-10222.

HAENLEIN, Michael; KAPLAN, Andreas. A brief history of artificial intelligence: on the past, present, and future of artificial intelligence. *California Management Review*, v. 61, 2019. p. 6-7.

HALLEVY, Gabriel. The criminal liability of artificial intelligence entities – from science fiction to legal social control. *Akron Intellectual Property Journal*, v. 4, n. 2, 2010. p. 171-202.

HALPERN, Joseph Y; PEARL, Judea. Causes and explanations: a structural-model approach. Part II: Explanations. *The British Journal for the Philosophy of Science*, v. 56, Issue 4, 2005. p. 897.

HAMON, R.; JUNKLEWITZ, H.; SANCHEZ, I. Robustness and explainability of artificial intelligence – from technical to policy solutions. *Publications Office of the European Union*, Luxembourg, 2020. p. 11-12.

HANCOCK, P. A. Imposing limits on autonomous systems. *Ergonomics*, 2016. p. 1.

HARKE, Jan Dirk. Sklavenhalterhaftung in rom. *In*: GLESS, Sabine; SEELMANN, Kurt (Ed.). *Intelligente agenten und das recht*. Baden-Baden: Nomos, 2016.

HARRIS, Douglas. Deepfakes: false pornography is here and the law cannot protect you. *Duke Law & Technology Review*, v. 17, 2018-2019. p. 99-128.

HARRIS, Shane. Autonomous weapons and international humanitarian law or killer robots are here: get used to it. *Temple International & Comparative Law Journal*, v. 30, n. 1, 2016. p. 77-84.

HASSEMER, Winfried. *Introdução aos fundamentos do direito penal*. SILVA, Pablo Rodrigo Alflen da (Trad.). Porto Alegre: Sergio Antonio Fabris Ed., 2005.

HAYWARD, Keith J.; MAAS, Matthijs M. Artificial intelligence and crime: a primer for criminologists. *Crime, Media, Culture*, 2020. p. 6-8.

HE, Jianxing *et al*. The practical implementation of artificial intelligence technologies in medicine. *Nature Medicine*, v. 25, 2019. p. 32.

HEIKKILÄ, Melissa. AI: decoded: China's deepfake law – synthetic data – selling sensitive data for profit. *Politico*, 2 de fevereiro de 2022. Disponível em: https://www.politico.eu/newsletter/ai-decoded/chinas-deepfake-law-synthetic-data-selling-sensitive-data-for-profit-2/.

HELDERMAN, Rosalind S. VIEBECK, Elise. "The last wall": How dozens of judges across the political spectrum rejected Trump's efforts to overturn the election. *Washington Post*, 12 de dezembro de 2020. Disponível em: https://www.washingtonpost.com/politics/judges-trump-election-lawsuits/2020/12/12/e3a57224-3a72-11eb-98c4-25dc9f4987e8_story.html.

HERNÁNDEZ-ORALLO, José; DOWE, David L. Measuring universal intelligence: towards an anytime intelligence test. *Artificial Intelligence*, v. 174, Issue 18, 2010, p. 1508-1539.

HERNÁNDEZ-ORALLO, José; DOWE, David L. *The measure of all minds*: evaluating natural and artificial intelligence. Cambridge: Cambridge University Press, 2017.

HETZNER, Christiaan. Fancy a spin in a robotaxi? Cruise is now inviting the public to try its self-driving cars in one U.S. city. *Fortune*, 1º de fevereiro de 2022. Disponível em: https://fortune.com/2022/02/01/cruise-robotaxi-self-driving-car-san-francisco/.

HICKLETON, Marcus. Shaky foundations: killer robots and the Martens clause. *Perth International Law Journal*, v. 4, 2019. p. 32.

HIGGINS, Tim. Uber self-driving car that struck, killed pedestrian wasn't set to stop in an emergency. *The Wall Street Journal*, 24 de maio de 2018. Disponível em: https://www.wsj.com/articles/uber-self-driving-car-that-struck-killed-pedestrian-wasnt-set-to-stop-in-an-emergency-1527170145.

HILGENDORF, Eric. Dilemma-probleme beim automatisierten fahren. *Zeitschrift für die gesamte Strafrechtswissenschaft*, v. 130, n. 3, 2018. p. 674-703.

HILGENDORF, Eric. Direito e máquinas autônomas. Um esboço do problema. *In*: ESTELLITA, Heloisa; LEITE, Alaor (Ed.). *Veículos autônomos e direito penal*. São Paulo: Marcial Pons, 2019. p. 73-79.

HIRZ, Mario; WALZEL, Bernhard. Sensor and object recognition technologies for self-driving cars. *Computer-Aided Design and Applications*, v. 15, Issue 4, 2018, 2018. p. 501-508.

HOFMANN, Thomas *et al*. Kernel methods in machine learning. *The Annals of Statistics*, v. 36, n. 3, 2018. p. 1171–1220.

HOLMES, Oliver. US tests of robotic patrol dogs on Mexican border prompt outcry. *The Guardian*, 4 de fevereiro de 2022. Disponível em: https://www.theguardian.com/us-news/2022/feb/04/us-tests-of-robotic-patrol-dogs-on-mexican-border-prompt-outcry.

HOUNSHELL, Blake; ASKARINAM, Leah. How many americans support political violence? *New York Times*, 5 de janeiro de 2022. Disponível em: https://www.nytimes.com/2022/01/05/us/politics/americans-political-violence-capitol-riot.html. Acesso em: 09 jan. 2022.

HÖRNLE, Tatjana. Social expectations in the criminal law: the "Reasonable Person" in a comparative perspective. *New Criminal Law Review: An International and Interdisciplinary Journal*, v. 11, n. 1, 2008. p. 7.

HOUSER, Kristin. Watch this tiny plane nail a fully autonomous landing. *The Byte*, 9 de julho de 2019. Disponível em: https://futurism.com/the-byte/watch-tiny-plane-fully-autonomous-landing.

HUNGRIA, Nélson; FRAGOSO, Heleno Cláudio. *Comentários ao código penal*. Volume I. Tomo II. Arts. 11 a 27. 5. ed. Rio de Janeiro: Forense, 1978.

INTELECT. Online Etymology Dictionary. Disponível em: https://www.etymonline.com/word/intellect#etymonline_v_9380. Acesso em: 02 fev. de 2022.

INTELLIGENCE. Online Etymology Dictionary. Disponível em: https://www.etymonline.com/word/intelligence?ref=etymonline_crossreference. Acesso em: 02 fev. 2022.

ISAAK, Jim; HANNA, Mina J. User data privacy: Facebook, Cambridge Analytica, and privacy protection. *Computer*, v. 51, n. 8, 2018. p. 56-59.

JAKOBS, Günther. *Strafrecht*. Allgemeiner Teil. 2. ed. Berlin: Walter de Gruyter, 1991.

JAKOBS, Günther. El concepto jurídico-penal de acción. *Revista Peruana de Ciencias Penales*. Año II, n. 3, 1994. p. 93.

JOSEPHS, Leslie. Boeing to pay more than $2.5 billion to settle criminal conspiracy charge over 737 Max. *CNBC*, 7 de janeiro de 2021. Disponível em: https://www.cnbc.com/2021/01/07/doj-fines-boeing-over-2point5-billion-charges-it-with-fraud-conspiracy-over-737-max-crashes.html.

KADISH, Sanford H. Complicity, cause and blame: a study in the interpretation of doctrine. *California Law Review*, v. 73, 1985. p. 369-372.

KALAN, Satyam. History of robotic surgery. *Journal of Robotic Surgery*, v. 4, 2010. p. 141-142.

KARTHIKEYAN, Divya. WhatsApp rumours, fake videos lead to lynching and deaths in Tamil Nadu. *The Wire*, 25 de maio de 2018. Disponível em: https://thewire.in/media/a-whatsapp-rumour-a-fake-video-lead-to-lynching-and-deaths-in-tamil-nadu.

KASTAN, Benjamin. Autonomous weapons systems: a coming legal singularity. *University of Illinois Journal of Law, Technology & Policy*, v. 45, n. 1, 2013. p. 47, 78-81.

KATZ, Leslie. Talk with your dead loved ones – through a chatbot. *CNET*, 17 de dezembro de 2021. Disponível em: https://www.cnet.com/news/hereafter-ai-lets-you-talk-with-your-dead-loved-ones-through-a-chatbot/.

KEMP, Roger. Autonomous vehicles – who will be liable for accidents. *Digital Evidence and Electronic Signature Law Review*, v 15, 2018. p. 33.

KHAN, Asif *et al*. Killer robots and their compliance with the principles of law of war. *Journal of Law and Society (University of Peshawar)*, v. 50, n. 75, 2019. p. 55-72.

KING, Thomas C. Artificial intelligence crime: an interdisciplinary analysis of foreseeable threats and solutions. *Science and Engineering Ethics*, v. 26, 2020. p. 105.

KINGDON, J. AI fights money laundering. *IEEE Intelligent Systems*, v. 19, n. 3, 2004. p. 87-89.

KNIGHT, Will. Defeated chess champ Garry Kasparov has made peace with AI. *The Wired*, 21 de fevereiro de 2020. Disponível em: https://www.wired.com/story/defeated-chess-champ-garry-kasparov-made-peace-ai/.

KNIGHT, Will. This program can give ai a sense of ethics-sometimes. *Wired*, 20 de outubro de 2021. Disponível em: https://www.wired.com/story/program-give-ai-ethics-sometimes/.

KNUTH, Donald. Arthur Lee Samuel, 1901-1990. *TUGboat*. v. 11, n. 4, 1990.

KOCH, Cristof. *The feeling of life itself*: why consciousness is widespread but can't be computed. Cambridge: The MIT Press, 2019.

KOWERT, Weston. The foreseeability of human-artificial intelligence interactions. *Texas Law Review*, v. 96, n. 1, 2017. p. 195.

KURZWEIL, Ray. *The singularity is near*: when humans transcend biology. Viking, 2005.

LEE, Dave. Google self-driving car hits a bus. *BBC*, 29 de fevereiro de 2016. Disponível em: https://www.bbc.com/news/technology-35692845.

LEIMAN, Tania. Law and tech collide: foreseeability, reasonableness and advanced driver assistance systems, 2020, Disponível em: https://www.tandfonline.com/doi/full/10.1080/14494035.2020.1787696.

LEVIN, Sam. Safety driver charged in 2018 incident where self-driving Uber car killed a woman. *The Guardian*, 16 de setembro de 2020. Disponível em: https://www.theguardian.com/us-news/2020/sep/16/uber-self-driving-car-death-safety-driver-charged.

LIMA, Dafni. Could AI agents be held criminally liable: artificial intelligence and the challenges for criminal law. *South Carolina Law Review*, v. 69, n. 3, 2018. p. 679-684.

LIN, Tom C. W. Artificial Intelligence, Finance, and the Law. *Fordham Law Review*, v. 88, n. 2, 2019. p. 531-552.

LIU, Yang; WU, Yi-Fang. Early detection of fake news on social media through propagation path classification with recurrent and convolutional networks. *The Thirty-Second AAAI Conference on Artificial Intelligence*, 2018. p. 354.

LIOR, Anat. AI entities as AI agents: artificial intelligence liability and the ai respondeat superior analogy. *Mitchell Hamline Law Review*, v. 46, 2020. p. 50.

LORD, Charles G.; ROSS, Lee; LEPPER, Mark R. Biased assimilation and attitude polarization: the effects of prior theories on subsequently considered evidence. *Journal of Personality and Social Psychology*, v. 37, n. 11. p. 2098-2109.

LÜBBE, Weyma. Die theorie der adäquaten verursachung: zum verhältnis von philosophischem und juristischem kausalitätsbegriff. *Journal for General Philosophy of Science*, v. 24, 1993. p. 87-102.

MANHEIM, Karl; KAPLAN, Lyric. Artificial intelligence: risks to privacy and democracy. *Yale Journal of Law and Technology*, 21, 2019. p. 137-144.

MARAS, Marie-Helen; ALEXANDROU, Alex. Determining authenticity of video evidence in the age of artificial intelligence and in the wake of deepfake videos. *The International Journal of Evidence & Proof*, v. 23, n. 3. p. 255-262.

MARCHANT, Gary E; LINDOR, Rachel A. The coming collision between autonomous vehicles and the liability system. *Santa Clara Law Review*, v. 52, 2012. p. 1322-1325.

MARKOFF, John. Computer wins on 'Jeopardy!': trivial, it's not. *The New York Times*, 16 de fevereiro de 2011. Disponível em: https://www.nytimes.com/2011/02/17/science/17jeopardy-watson.html.

MATTIOLI, Michael. Autonomy in the age of autonomous vehicles. *Boston University Journal of Science and Technology Law*, v. 24, n. 2, 2018. p. 281.

MAYOR, Adrienne. *Gods and robots*. Princeton: Princeton University Press, 2018.

MCALLISTER, Amanda. Stranger than science fiction: the rise of A.I. Interrogation in the dawn of autonomous robots and the need for an additional protocol to the U.N. Convention Against Torture. *Minnesota Law Review*, v. 101, 2017. p. 2540-2544.

MCBRIDE, Nicholas J.; BAGSHAW, Roderick. *Tort law*. 6. ed. Harlow: Pearson Education Limited, 2018. p. 232-233.

MCCARTHY, John; MINSKY, Marvin L.; ROCHESTER, Nathaniel; SHANNON, Claude E. A proposal for the Dartmouth summer research project on artificial intelligence: August 31, 1955, *AI Magazine*, v. 27, n. 4, 2006. p. 12-14.

MCCARTHY, John. Free will – even for robots. *Journal of Experimental & Theoretical Artificial Intelligence*, v. 12, Issue 3, 2000. p. 341-342.

MCCARTHY, John. *What is artificial intelligence*. Stanford University, 2007, p. 2. Disponível em: http://jmc.stanford.edu/articles/whatisai.html.

MEHRI, Bahman. From Al-Khwarizmi to algorithm. *Olympiads in Informatics*, v. 11, 2017. p. 71-72.

MEIER, Michael W. Lethal Autonomous weapons systems (laws): conducting a comprehensive weapons review. *Temple International & Comparative Law Journal*, v. 30, n. 1, 2016. p. 119-132.

MERENDA, Federica. Reading Arendt to rethink truth, science, and politics in the era of fake news. *In*: GIUSTI, Serena; PIRAS, Elisa (Ed.). *Democracy and fake news*. Information Manipulation and Post-Truth Politics. Oxford: Routledge, 2021. p. 19-29.

METZ, Cade. How Google's AI viewed the move no human could understand. *The Wired*, 14 de março de 2016. Disponível em: https://www.wired.com/2016/03/googles-ai-viewed-move-no-human-understand/.

MILLHISER, Ian. Why Trump's attempt to steal the election was too much even for Republican judges. *Vox*, 15 de dezembro de 2020. Disponível em: https://www.vox.com/22168109/trump-coup-steal-election-judges-judiciary-supreme-court-gorsuch-kavanaugh-barrett.

MINSKY, Marvin. *The society of mind*. New York: Simon & Schuster, 1986.

MURGIA, Madhumita. AI weapons pose threat to humanity, warns top scientist. *Financial Times*. Londres, 29 de Novembro de 2021. Disponível em: https://www.ft.com/content/03b2c443-b839-4093-a8f0-968987f426f4. Acesso em: 09/01/2022.

MURPHY, James P. Evolution of the duty of care: some thoughts. *DePaul Law Review*, v. 30, n. 1, 1980. p. 147-180.

NANOS, Andreas. roman slavery law: a competent answer of how to deal with strong artificial intelligence? Review of robot rights with view of czech and german constitutional law and law history. *Charles University in Prague Faculty of Law Research Paper No. 2020/III/3*, 2020. p. 2.

NEWELL, Allen; SHAW, J. C.; SIMON, Herbert A. Elements of a theory of human problem solving. *Psychological Review*, v. 65, n. 3, 1958. p. 151.

NOELLE-NEUMANN, Elisabeth. The spiral of silence: a theory of public opinion. *Journal of Communication*, v. 24, Issue 2, 1974. p. 43-51.

NOLAN, Donan. Varying the standard of care in negligence. *The Cambridge Law Journal*, v. 72, n. 3, 2013. p. 670.

NOONE, Gregory P.; NOONE, Diana C. The debate over autonomous weapons systems. Case western reserve journal of international law, v. 47, n. 1, 2015, p. 25-36.

NUÑEZ, Michael. FTC slaps Facebook with $5 billion fine, forces new privacy controls. *Forbes*, 24 de julho de 2019. Disponível em: https://www.forbes.com/sites/mnunez/2019/07/24/ftcs-unprecedented-slap-fines-facebook-5-billion-forces-new-privacy-controls/#3aa2906f5668.

NUTTER, Patrick W. Machine learning evidence: admissibility and weight. *University of Pennsylvania Journal of Constitutional Law*, v. 21, n. 3, 2019. p. 927-929.

O'BOYLE, Britta. What is Alexa and what can Amazon Echo do? *Pocket-lint*, 26 de dezembro de 2021. Disponível em: https://www.pocket-lint.com/smart-home/news/amazon/138846-what-is-alexa-how-does-it-work-and-what-can-amazons-alexa-do.

O'CONNELL, Mary Ellen. 21st century arms control challenges: drones, cyber weapons, killer robots, and WMDs. *Washington University Global Studies Law Review*, v. 13, n. 3, 2014. p. 515-534.

OSMANI, Nora. the complexity of criminal liability of AI systems. *Masaryk University Journal of Law and Technology*, v. 14, n. 1, 2020. p. 65-67.

OWEN, David G. Figuring foreseeability. *Wake Forest Law Review*, v. 44, 2009. p. 1282.

PADHY, Ankit Kumar; PADHY, Amit Kumar. Criminal liability of the artificial intelligence entities. *Nirma University Law Journal*, v. 8, 2019. p. 18.

PAGE, John *et al.* The risks of low level narrow artificial intelligence. *2018 IEEE International Conference on Intelligence and Safety for Robotics (ISR)*, 2018.

PARKS, William H. Command responsibility for war crimes. *Military Law Review*, v. 62, 1973. p. 38-58.

PIROUZ, Behrouz. Investigating a serious challenge in the sustainable development process: analysis of confirmed cases of COVID-19 (New type of coronavirus) through a binary classification using artificial intelligence and regression analysis. *Sustainability*, v. 12, Issue 6, 2020.

POVINELLI, Daniel J.; VONK, Jennifer. Chimpanzee minds: suspiciously human? *Trends in Cognitive Sciences*, v. 7, Issue 4, 2003. p. 157-160.

PRESTES, Edson *et al.* Towards a core ontology for robotics and automation. *Robotics and Autonomous Systems*, v. 61, Issue 11, 2013. p. 1193-1204.

PRITCHARD, Stephen. UK armed forces confirm cyber as fifth dimension of warfare. *The Daily Swig*, Disponível em: https://portswigger.net/daily-swig/uk-armed-forces-confirm-cyber-as-fifth-dimension-of-warfare.

PROPOSAL for a regulation of the european parliament and of the council laying down harmonised rules on artificial intelligence (artificial intelligence act) and amending certain union legislative acts. Disponível em: https://eur-lex.europa.eu/legal-content/EN/TXT/?uri=CELEX%3A52021PC0206.

QUESADA, Daniel. Lógica clásica de primer orden. *In*: ALCHOURRÓN, Carlos E.; MÉNDEZ, José M.; ORAYEN, Raúl (Ed.). *Lógica*. Madrid: Editorial Trotta, 2005. p. 82.

QUINE, Willard van Orman. *Mathematical logic*. Cambridge: Harvard University Press, 1981.

RAATIKAINEN, Panu. Gödel's incompleteness theorems. *The Stanford Encyclopedia of Philosophy*. ZALTA, Edward N. (Ed.). Disponível em: https://plato.stanford.edu/archives/spr2022/entries/goedel-incompleteness/.

RAPIER, Graham. *Self-driving cars could wipe out 4 million jobs* – but a new report says the upsides will be easily worth it. *Insider*, 13 de junho de 2018. Disponível em: http://markets.businessinsider.com/news/stocks/self-driving-cars-could-kill-4-million-jobs-economic-impact-worth-it-2018-6-1026937775.

RASHED, Roshdi. *Classical mathematics from al-Khwarizmi to Descartes*. Abingdon: Routledge Taylor & Francis Group, 2015.

RECOMMENDATION on the Ethics of Artificial Intelligence. *UNESCO*. Disponível em: https://unesdoc.unesco.org/ark:/48223/pf0000380455.

REGGIA, James A. et al. Artificial conscious intelligence. *Journal of Artificial Intelligence and Consciousness*, v. 7, n. 1, 2020. p. 95.

ROBBINS, Ira P. The ostrich instruction: deliberate ignorance as a criminal mens rea. *Journal of Criminal Law and Criminology*, v. 81, n. 2, 1990. p. 191-234.

ROHR, Altieres. Computador convence juízes de que é garoto de 13 anos em "teste de Turing". *G1*, 09 de junho de 2014. Acesso em: 14 de janeiro de 2022. Disponível em: http://g1.globo.com/tecnologia/noticia/2014/06/computador-convence-juizes-que-e-garoto-de-13-anos-em-teste-de-turing.html.

ROSERT, Elvira; SAUER, Frank. Prohibiting autonomous weapons: put human dignity first. *Global Policy*, v. 10, Issue 3, 2019. p. 370-375.

ROSERT, Elvira; SAUER, Frank. How (not) to stop the killer robots: A comparative analysis of humanitarian disarmament campaign strategies. *Contemporary Security Policy*, v. 42, n. 1, 2021. p. 21-23.

ROSS, Björn. Are social bots a real threat? An agent-based model of the spiral of silence to analyse the impact of manipulative actors in social networks. *European Journal of Information Systems*, v. 28, Issue 4. p. 394-412.

RUSSEL, Stuart; NORVIG, Peter. *Artificial intelligence*: a modern approach. 3. ed. Londres: Pearson Education limited, 2016.

RUSSEL, Stuart. *Inteligência artificial a nosso favor*: como manter controle sobre a tecnologia. São Paulo: Companhia das Letras, 2021.

ROSERT, Elvira; SAUER, Frank. How (not) to stop the killer robots: A comparative analysis of humanitarian disarmament campaign strategies. *Contemporary Security Policy*, v. 42, n. 1, 2021. p. 4.

ROXIN, Claus. *Derecho penal*: parte general. Tomo I. Fundamentos. La Estructura de La Teoria Del Delito. Madrid: Civitas, 1997. p. 348.

ROYAKKERS, Lambèr; VAN EST, Rinie. The cubicle warrior: the marionette of digitalized warfare. *Ethics and Information Technology*, v. 12, 2010. p. 292.

S.1705 - AICT Act of 2021. 117th Congress (2021-2022). *Congress.gov*. Disponível em: https://www.congress.gov/bill/117th-congress/senate-bill/1705/text?r=82&s=1.

SAMPLE, Ian. Sony trains AI to leave world's best Gran Turismo drivers in the dust. *The Guardian*, 9 de fevereiro de 2022. Disponível em: https://www.theguardian.com/technology/2022/feb/09/sony-playstation-trains-ai-to-leave-worlds-best-gran-turismo-drivers-in-the-dust.

SANG-HUN, Choe. Google's computer program beats Lee Se-dol in Go Tournament. *The New York Times*, 15 de março de 2016. Disponível em: https://www.nytimes.com/2016/03/16/world/asia/korea-alphago-vs-lee-sedol-go.html.

SÁNSCHEZ-MARTIN, F.M. *et al*. Historia de la robótica: de Arquitas de Tarento al robot Da Vinci (Parte I). *Actas Urológicas Españolas*, v. 31, 2, 2007. p. 69-76.

SANTOS, Juarez Cirino dos. *Direito penal*. Parte geral. 6. ed. Curitiba: ICPC, 2014.

SCHANK, Roger C. What is AI, anyway? *AI Magazine*, v. 8, n. 4, 1987. p. 62.

SCHARKEY, Amanda. Autonomous weapons systems, killer robots and human dignity. *Ethics and Information Technology*, v. 21, 2019. p. 75–87.

SCHARKEY, Noel. Saying 'No!' to lethal autonomous targeting. *Journal of Military Ethics*, v. 9, n. 4, 2010. p. 371-372.

SCHERER, Matthew U. Regulating artificial intelligence systems: risks, challenges, competencies, and strategies. *Harvard Journal of Law & Technology*, v. 29, n. 2, 2016. p. 393-398.

SCHMITT, Michael N.; THURNHER, Jeffrey S. "Out of the loop": Autonomous weapon systems and LOAC. *Harvard National Security Journal*, v. 4, 2013. p. 280.

SEARLE, John R. Minds, brains, and programs. *The behavioral and brain sciences*, v. 3, 1980. p. 417-419.

SEARLE, John R. Consciousness, explanatory inversion and cognitive science. *Behavioral and Brain Sciences*, v. 13, 1990. p. 585-642.

SEARLE, John R. The Turing Test: 55 years later. *In*: EPSTEIN, Robert; ROBERTS, Gary; BEBER, Grace (Ed.). *Parsing the Turing Test*: philosophical and methodological issues in the quest for the thinking computer. Springer, 2009. p. 139-141.

SEAVEY, Warren A. Negligence. Subjective or objective? *Harvard Law Review*, v. 41, n. 1, 1927. p. 4.

SELBST, Andrew D. Negligence and AI's human users. *Boston University Law Review*, v. 100, 2020. p. 1329-1333.

SHEAD, Sam. DeepMind solves 50-year-old "grand challenge" with protein folding A.I. *CNBC*, 30 de novembro de 2020. Disponível em: https://www.cnbc.com/2020/11/30/deepmind-solves-protein-folding-grand-challenge-with-alphafold-ai.html.

SHEAD, Sam. Amazon's Alexa assistant told a child to do a potentially lethal challenge. *CNBC*, 29 de dezembro de 2021. Disponível em: https://www.cnbc.com/2021/12/29/amazons-alexa-told-a-child-to-do-a-potentially-lethal-challenge.html.

SHEPARDSON, David. Tesla recalls nearly 54,000 vehicles that may disobey stop signs. *Reuters*, 1º de fevereiro de 2022. Disponível em: https://www.bbc.com/news/technology-60230072.

SILVA, Ângelo Roberto Ilha da. *Instituições de direito penal*. 3. ed. Belo Horizonte: D'Plácido, 2022.

SILVA, Ângelo Roberto Ilha da. *Teoria geral do crime*. Belo Horizonte: D'Plácido, 2022.

SIMMONS, Thomas E. Killer robots; an apologia. *Wake Forest Law Review Online*, v. 6, 2016. p. 15-23.

SIMONITE, Tom. This AI software nearly predicted omicron's tricky structure. *Wired*, 10 de janeiro de 2022. Disponível em: https://www.wired.com/story/ai-software-nearly-predicted-omicrons-tricky-structure/.

SOKOLOWSKI, Robert. Natural and artificial intelligence. *Daedalus*, v. 117, n. 1. p. 45-47.

SOUZA, Draiton Gonzaga de. Feuerbach e a questão do livre-arbítrio: acerca de pressupostos filosóficos do direito penal. *Revista de Estudos Criminais*, v. 50, n. 1, 2013. p. 45-60.

SOUZA, Draiton Gonzaga de. A questão do ser humano: da imagem de Deus à neuroimagem. *In*: NUNES, Magda Lahorgue; COSTA, Jaderson Costa da; SOUZA, Draiton Gonzaga de (Ed.). *Entendendo o funcionamento do cérebro ao longo da vida*. Porto Alegre: EDIPUCRS, 2021. p. 201-208.

SPARROW, Robert. Killer Robots. *Journal of applied philosophy*, v. 24, n. 1, 2007. p. 69-71.

STANTON, G. R. Marcus Aurelius, emperor and philosopher. *Historia: Zeitschrift für Alte Geschichte*. Bd. 18, H. 5, 1969. p. 581.

STEPHENS, Elizabeth; HEFFERNAN, Tara. We have always been robots: the history of robots and art. *In*: HERATH, Damith; STELARC, Christian Kroos (Ed.). *Robots and art*: exploring an unlikely symbiosis. Springer, 2016. p. 29-30.

STÖCKER, Claudia *et al*. Review of the current state of UAV regulations. *Remote Sens*, v. 9, 2017. p. 459.

STRATENWERTH, Günter. Dolus eventualis und bewußte Fahrlässigkeit. *Zeitschrift für die gesamte Strafrechtswissenschaft*, v. 71, Issue 1, 1959. p. 51-71.

STRATENWERTH, Günter. *Derecho penal*. Parte general I. El hecho punible. 4. ed. Buenos Aires: Hammurabi, 2016.

STUPP, Catherine. Fraudsters used ai to mimic CEO's voice in unusual cybercrime case. *Wall Street Journal*, 30 de agosto de 2019. Disponível em: https://www.wsj.com/articles/fraudsters-use-ai-to-mimic-ceos-voice-in-unusual-cybercrime-case-11567157402.

SU, Grace. Unemployment in the AI age. *AI Matters*, v. 3, Issue 4, 2018. p. 35-43.

SUSSTEIN, Cass R. *A verdade sobre os boatos*: como se espalham e por que acreditamos neles. Rio de Janeiro: Elsevier, 2010.

TARSKI, Alfred. *Introduction to logic and to the methodology of the deductive sciences*. 4. ed. Oxford: Oxford University Press, 1994.

TEPEDINO, Gustavo; SILVA, Rodrigo Guia. Inteligência artificial e elementos da responsabilidade civil. In: FRASÃO, Ana; MULHOLLAND, Caitlin (Org.). *Inteligência artificial e direito*: ética, regulação e responsabilidade. São Paulo: Thomson Reuters Brasil, 2019. p. 293-323.

THOMPSON, Clive. When robots take all of our jobs, remember the luddites. *Smithsonian Magazine*, Janeiro de 2017. Disponível em: https://www.smithsonianmag.com/innovation/when-robots-take-jobs-remember-luddites-180961423/.

TOLEDO, Francisco de Assis. *Princípios básicos de direito penal*. 5. ed. São Paulo: Saraiva, 1994.

TOPOL, Eric J. High-performance medicine: the convergence of human and artificial intelligence. *Nature Medicine*, v. 25, 2019. p. 44-48.

TOSCANO, Christopher P. Friend of humans: an argument for developing autonomous weapons systems. *Journal of National Security Law and Policy*, v. 8, n. 1, 2015. p. 235.

TURING, Alan. On computable numbers, with an application to the Entscheidungsproblem. *Proceedings of the London Mathematical Society*, v. 42, 1937.

TURING, Alan. Computing machinery and intelligence. *Mind*, v. LIX, n. 236, 1950. p. 433-455.

TURNER, Jacob. *Robot rules*: regulating artificial intelligence. London: Palgrave Macmillan, 2019. p. 16-22.

UN Security Council Report of March 8, 2021 (UN S/2021/229). Disponível em: https://digitallibrary.un.org/record/3905159.

U.S. Dept of Def., Directive n. 3000.09: Autonomy in weapon systems 13-14 (2012). Disponível em: https://www.esd.whs.mil/portals/54/documents/dd/issuances/dodd/300009p.pdf.

VELLINGA, Ninke E. From the testing to the deployment of self-driving cars: legal challenges to policy makers on the road ahead. *Computer Law & Security Review*, v. 33, 2017.

VINCENT, James. DeepMind's Go-playing AI doesn't need human help to beat us anymore. *The Verge*, 18 de outubro de 2017. Disponível em: https://www.theverge.com/2017/10/18/16495548/deepmind-ai-go-alphago-zero-self-taught.

VINCENT, James. ThisPersonDoesNotExist.com uses AI to generate endless fake faces. *The Verge*, 15 de fevereiro de 2019. Disponível em: https://www.theverge.com/tldr/2019/2/15/18226005/ai-generated-fake-people-portraits-thispersondoesnotexist-stylegan.

VON BURI, Maximilian. *Ueber causalität und deren verantwortung*. Leipizig: Gebhardt Verlag, 1873.

VON KRIES, Johannes. *Die principien der wahrscheinlichkeitsrechnung*: eine logische untersuchung. Freiburg: J. C. B. Mohr, 1886.

VON WRIGHT, Georg Henrik. *An essay in modal logic*. Amsterdam: North-Holland Publishing Company, 1951.

VON WRIGHT, Georg Henrik. Deontic logics. *American Philosophical Quarterly*, v. 4, n. 2, 1967. p. 136-143.

WAISBORD, Silvio. Truth is what happens to news: on journalism, fake news, and post-truth. *Journalism Studies*, v. 19, Issue 13, 2018. p. 1866-1878.

WANG, Yanyu. Jacques de Vaucanson (1709-1782). *In*: CECCARELLI, Marco; FANG, Yibing (Ed.). *Distinguished figures in mechanism and machine science*: their contributions and legacies, Part 4. Cham: Springer, 2020. p. 15-46.

WEIZENBAUM, Joseph. ELIZA – a computer program for the study of natural language communication between man and machine. *Communications of the ACM*, v. 9, Issue 1, 1966. p. 36-45.

WELZEL, Hans. *Derecho penal*: parte geral. Buenos Aires: Roque Depalma Editor, 1956.

WELZEL, Hans. *El nuevo sistema de derecho penal*. Una introducción a la doctrina de la acción finalista. Buenos Aires: Editorial BdeF, 2004.

WESSELS, Johannes. *Direito penal*: parte geral (aspectos fundamentais). Porto Alegre: Fabris, 1976.

WHITEHEAD, Alfred North; RUSSELL, Bertrand. *Principia mathematica*. Cambridge: Cambridge at University Press, 1927.

WILKINSON, Chiara. The people in intimate relationships with AI chatbots. *VICE*, 21 de janeiro de 2022. Disponível em: https://www.vice.com/en/article/93bqbp/can-you-be-in-relationship-with-replika.

WILLIAMSON, Jamie Allan. Some considerations on command responsibility and criminal liability. *International Review of the Red Cross*, v. 90, n. 870, 2008. p. 307.

WINFIELD, Percy H. The history of negligence in the law of torts. *Law Quarterly Review*, v. 42, n. 2, 1926. p. 184.

WITTING, Christian. Duty of care: an analytical approach. *Oxford Journal of Legal Studies*, v. 25, n. 1, 2005. p. 36-37.

WOLFERS, Arnold. The crisis of the democratic régime in Germany. *International Affairs (Royal Institute of International Affairs 1931-1939)*, v. 11, n. 6, 1932. p. 757-782.

THOMAS, Wolfgang. Algorithms: from Al-Khwarizmi to Turing and beyond. *In*: SOMMARUGA, G.; STRAHM, T. (Ed.). *Turing's revolution*. Cham: Birkhäuser, 2015.

YAMIN, Muhammad Mudassar *et al*. Weaponized AI for cyber attacks. *Journal of Information Security and Applications*, v. 57, 2021.

YANISKY-RAVID, Shlomit; HALLISEY, Sean K. Equality and Privacy by design: a new model of artificial intelligence data transparency via auditing, certification, and safe harbor regimes. *Fordham Urban Law Journal*, v. 46, n. 2, 2019. p. 473-485.

YATES, David R. From Leonardo to da Vinci: the history of robot-assisted surgery in urology. *BJU International*, v. 108, 2011. p. 1709.

YEOH, Peter. Artificial intelligence: accelerator or panacea for financial crime? *Journal of Financial Crime*, v. 26, n. 2. p. 634-646.

ZAFFARONI, Eugenio Raúl; PIERANGELI, José Henrique. *Manual de direito penal brasileiro*. Parte Geral. 3. ed. São Paulo: Editora Revista dos Tribunais, 2001.

ZAFFARONI, Eugenio Raúl; ALAGIA, Alejandro; SLOKAR, Alejandro. *Derecho penal*. Parte general. 2. ed. Buenos Aires: Ediar, 2002.

ZULETA, Hugo R. *Normas e justificação*: uma investigação lógica. Madri: Marcial Pons, 2008.

Esta obra foi composta em fonte Palatino Linotype, corpo 10
e impressa em papel Offset 75g (miolo) e Supremo 250g (capa)
pela Gráfica Formato, em Belo Horizonte/MG.